中国公路网运行蓝皮书

(2020)

交通运输部公路局
交通运输部路网监测与应急处置中心 编著

人民交通出版社

北京

内 容 提 要

本书为2020年度中国公路网运行蓝皮书。全书共分为概述、上篇和下篇。其中，上篇共五章，分别为：全国公路网交通流量情况分析、全国公路网拥堵缓行情况分析、全国公路网阻断事件情况分析、全国公路网技术状况情况分析、全国收费公路联网收费情况分析；下篇共六章，分别为：公路网运行制度与机制建设情况、公路网运行保通保畅工作情况、公路突发事件应急管理工作情况、公路出行服务与联网收费工作情况、公路网运行监测设施及系统建设情况、地方公路网运行管理与服务工作亮点。

本书可供路网运行管理与业务人员、相关科研工作者及社会公众阅读参考。

图书在版编目(CIP)数据

中国公路网运行蓝皮书.2020 / 交通运输部公路局，交通运输部路网监测与应急处置中心编著.— 北京：人民交通出版社股份有限公司，2024.9
ISBN 978-7-114-18897-8

Ⅰ.①中… Ⅱ.①交…②交… Ⅲ.①公路网—交通运输管理—研究报告—中国—2020 Ⅳ.①U491

中国国家版本馆 CIP 数据核字(2023)第135043号

Zhongguo Gongluwang Yunxing Lanpishu（2020）

书　　名	中国公路网运行蓝皮书（2020）
著 作 者	交通运输部公路局 交通运输部路网监测与应急处置中心
责任编辑	黎小东　师静圆
责任校对	赵媛媛
责任印制	张　凯
出版发行	人民交通出版社
地　　址	（100011）北京市朝阳区安定门外外馆斜街3号
网　　址	http://www.ccpcl.com.cn
销售电话	（010）59757973
总 经 销	人民交通出版社发行部
经　　销	各地新华书店
印　　刷	北京印匠彩色印刷有限公司
开　　本	787×1092　1/16
印　　张	6.75
字　　数	126千
版　　次	2024年9月　第1版
印　　次	2024年9月　第1次印刷
书　　号	ISBN 978-7-114-18897-8
定　　价	80.00元

（有印刷、装订质量问题的图书，由本社负责调换）

《中国公路网运行蓝皮书(2020)》

编写领导小组

主　　任：吴春耕　孙永红
副 主 任：顾志峰　李　斌　张志军　郭　胜　陈　洁
　　　　　徐洪磊
成　　员：花　蕾　杨　亮　蔚晓丹　孟春雷　徐志远
　　　　　侯德藻

编写组名单

邓　雯	尹　硕	董雷宏	王　琰	文　娟	王　鑫	李国瑞
高国庆	尹曦辉	李　琳	杨鹏程	王超颖	杨　峰	王梦佳
刘　嘉	陈宇雯	王　虎	闫明月	唐道强	李婧芳	潘　伟
贺志高	蔡小秋	张纪升	汪　林	王英平	周可夫	虞丽云
闻　静	郝　盛	陈智宏	李　剑	胡士祥	张恒通	王燕弓
刘崧男	马超云	李　健	孙晓亮	李宏海	邢宇鹏	撒　蕾
帕里再娜·尼加提	石安琪	王　剑	周　正	毛志君	裴　召	
苏明杰	卢宝峰					

目录

概述 ·· 1

上篇　全国公路网运行监测与分析评价

第一章　全国公路网交通流量情况分析 ·· 7
　一、全国高速公路网通行量情况 ·· 7
　　（一）高速公路通行量时间分布特征 ·· 7
　　（二）高速公路通行量区域分布特征 ·· 9
　二、全国干线公路网断面交通流量情况 ··· 12
　　（一）断面交通量时间分布特征 ··· 12
　　（二）断面交通量区域分布特征 ··· 12
　　（三）断面交通量路段分布特征 ··· 13

第二章　全国公路网拥堵缓行情况分析 ·· 15
　一、全国干线公路网拥堵缓行总体情况 ··· 15
　　（一）干线公路网拥堵时间分布特征 ··· 15
　　（二）干线公路网拥堵空间分布特征 ··· 16
　二、公路运输通道畅通情况 ·· 17
　三、全国高速公路拥堵路段情况 ·· 18

· 1 ·

四、全国高速公路拥堵收费站情况 ··· 19

第三章　全国公路网阻断事件情况分析 ··· 21
一、全国干线公路网阻断事件总体情况 ··· 21
　（一）公路阻断事件时间分布特征 ··· 22
　（二）公路阻断事件区域分布特征 ··· 22
　（三）公路阻断事件省域分布特征 ··· 22
二、公路阻断事件成因类型 ··· 25
三、公路运输通道阻断情况 ··· 27

第四章　全国公路网技术状况情况分析 ··· 29
一、路面路况检测结果及特征 ··· 29
　（一）高速公路路面技术状况 ··· 29
　（二）普通国省道路面技术状况 ··· 30
二、重点桥隧检测结果与特征 ··· 30
　（一）重点桥梁检测结果与特征 ··· 30
　（二）重点隧道检测结果及特征 ··· 31
三、公路交通安全设施分析评估 ··· 32
四、公路养护管理绩效评价结果 ··· 32

第五章　全国收费公路联网收费情况分析 ··· 34
（一）全国联网收费总体情况 ··· 34
（二）联网收费 ETC 交易情况 ··· 34
（三）跨省清分结算交易情况 ··· 35
（四）通行费电子发票开具情况 ··· 35

下篇　全国公路网运行管理与服务工作

第六章　公路网运行制度与机制建设情况 ··· 39
一、公路网运行管理机构建设 ··· 39
二、公路网运行管理机制建设 ··· 41

(一)部—省—站三级路网会商调度机制 ································· 41
　　(二)区域路网协调联动保通保畅机制 ································· 41
　　(三)地方公路网运行管理制度建设 ··································· 42

第七章　公路网运行保通保畅工作情况 ····································· 43
　一、取消省界收费站"第十战役" ·· 43
　　(一)扎实开展ETC系统问题"清零"工作 ······························ 43
　　(二)全力开展拥堵收费站疏堵保畅工作 ······························ 43
　二、疫情防控与应急物资运输保障 ······································ 44
　　(一)坚持"一断三不断"确保公路运输通道顺畅 ······················ 44
　　(二)落实"三不一优先"做好应急物资运输保障 ······················ 45
　　(三)确保高速公路"免费不免责""免费不免服务" ···················· 46
　　(四)强化收费站、服务区等疫情防控工作 ···························· 47

第八章　公路突发事件应急管理工作情况 ··································· 49
　一、公路突发事件应急预案管理 ·· 49
　二、公路应急物资储备及装备使用 ······································ 50
　三、重大公路交通突发事件应急处置 ···································· 51

第九章　公路出行服务与联网收费工作情况 ································· 53
　一、公路出行信息发布 ·· 53
　　(一)"两微一端一话"出行信息 ······································ 53
　　(二)中国交通广播出行信息 ·· 54
　　(三)中国公路出行信息服务联盟情况 ································ 54
　二、高速公路服务区 ·· 55
　三、高速公路联网收费 ·· 55

第十章　公路网运行监测设施及系统建设情况 ······························· 57
　一、公路视频监测设施及云联网建设 ···································· 57
　　(一)全国公路视频监测设施 ·· 57
　　(二)高速公路视频云联网建设 ······································ 58
　二、公路交通量监测设施建设 ·· 58

三、公路气象监测设施建设·· 59
　　四、公路移动监测设施配置·· 60
第十一章　地方公路网运行管理与服务工作亮点 ··· 61
　　一、路网疏堵保畅·· 61
　　二、路网疫情防控·· 64
　　三、公路应急处置·· 65
　　四、公路出行服务·· 69
　　五、联网收费运营·· 72
　　六、联网监测分析·· 74
　　七、"智慧公路"试点建设 ·· 76

附录A　全国高速公路日均通行量（以出口流量统计）分省汇总表 ······························ 80
附录B　6条主要通道运行状况评价结果汇总表 ·· 82
附录C　全国公路网运行监测设施一览表 ··· 88
附录D　全国桥梁安全健康监测设施现状 ··· 92

概　述

2020年，交通运输行业在以习近平同志为核心的党中央坚强领导下，全面贯彻党的十九大和十九届二中、三中、四中、五中全会精神，坚持稳中求进工作总基调，立足新发展阶段，贯彻新发展理念，构建新发展格局，统筹推进疫情防控和经济社会发展交通运输各项工作，加快建设交通强国，全年交通运输主要指标稳定恢复，基础设施网络加快完善，运输装备不断升级，运输结构持续优化，基本完成交通运输脱贫攻坚和"十三五"规划目标任务，取消高速公路省界收费站并实现平稳运行，为扎实做好"六稳"工作、全面落实"六保"任务，如期实现全面建成小康社会目标提供了坚强的交通运输保障。

1. 公路基础设施网络加快完善。 2020年底，全国公路总里程达519.81万公里❶，同比2019年增加18.56万公里；公路密度54.15公里/百平方公里，同比2019年增加1.94公里/百平方公里。其中，二级及以上等级公路里程70.24万公里，同比增加3.04万公里，占公路总里程13.5%，同比提高0.1个百分点。高速公路里程16.10万公里，同比增加1.14万公里。国家高速公路里程11.30万公里，同比增加0.44万公里。全国公路桥梁91.28万座、6628.55万延米，同比2019年增加3.45万座、565.10万延米。全国公路隧道21316处、2199.93万延米，同比2019年增加2249处、303.27万延米。

2. 疫情发生后全国干线公路网运行指标稳定恢复。 2020年，全国高速公路日均通行量为3003.27万辆次，同比2019年增长2.13%❷。其中，客车日均流量2272.23万辆次，占比75.66%，同比下降2.06%；货车日均流量731.04万辆次，占比24.34%，同比增长17.82%。全国干线公路网畅通情况有所提升，路网拥挤度❸为14.4%，同比2019年

---

❶ 本书中全国统计数据均未包括香港、澳门特别行政区及台湾省资料。
❷ 2020年高速公路通行量数据：1月1日至5月5日以及节假日免费通行期间为高速公路门架车牌识别流量（去重），其余为高速公路门架交易通行流量（去重）。2019年高速公路通行量数据为高速公路出口流量（去重），重大节假日期间采用免费通行报送系统数据。
❸ 路网拥挤度：路网中处于中度拥堵和严重拥堵状态的路段里程占路网总里程的百分比。

下降1.7个百分点;全国高速公路日均拥堵缓行1000米以上的路段数量为2288个,同比2019年日均数量减少566个,同比下降19.83%;全国高速公路日均拥堵收费站为244个,同比2019年日均值减少432个,同比下降63.88%。全国31个省(区、市)累计报送各类公路交通阻断事件13.87万起,累计阻断里程约234.02万公里,累计阻断持续时间约1025.96万小时。

3. 公路桥隧养护管理水平持续增强。 2020年度,抽检的5.6万公里全国干线公路路况总体达到优等水平,其中,路面技术状况指数(PQI)平均值为90.86,优良路率为91.69%,次差路率为3.79%。桥梁技术状况及安全运营情况总评分为82.29分,隧道技术状况及安全运营情况总评分为85.02分,较2019年有所提高。2020年,通过对广东、广西、海南、上海和浙江等5省(区、市)2500公里的普通国道交通安全设施进行分析评估,得到沿线设施技术状况指数(TCI)为96.18,设施基本符合现行标准规范和技术要求。

4. 全国干线公路网运行监测能力不断提升。 截至2020年底,全国公路网视频监测设施(含路段互通、收费站、桥隧、服务区)总规模近28.5万套,其中高速公路平均布设密度达2公里/套,高速公路高清级视频监测设施占比90%以上。全国高速公路交通量监测设施总规模达2.0万套,平均布设密度达10公里/套;普通国省干线公路交通量参数监测设施总规模为1.1万余套。全国公路网气象监测设施总规模为4400余套,其中高速公路气象监测设施总规模为4000余套。

5. 公路出行服务工作稳步推进。 截至2020年底,全国共有在建及建成公路服务区(停车区)9619座。其中,高速公路服务区(停车区)6751座,普通国省干线服务区(停车区)2868座。为进一步提高公众出行体验,全国共建设、改造公路服务区公共卫生间945座。全国各省(区、市)开通具有公路出行信息服务功能[含ETC(电子不停车收费系统)业务]的微博43个,微信账号80个,移动客户端30个,共计开通客服电话号码74个(含ETC客服及12328电话)。

6. 公路应急储备体系建设不断完善。 2020年,地方各级公路管理部门累计开展各类公路应急演练1500余场,重点探索了模块化桥、无人机航拍、救援机器人等新型应急装备的实战应用。截至2020年底,共12处国家公路应急储备中心已建成并投入使用。各级公路交通部门高效处置了四川境内丹巴县多条干线公路受损、G5京昆高速公路四川雅西段高位塌方等重特大突发事件。

7. 联网收费运营服务体系持续优化。 2020年5月6日恢复收费至12月底,全国29个联网收费省(区、市)总交易量约69.44亿笔、总交易额4076.66亿元。全网ETC交易量约45.73亿笔,日均1905.3万笔,同比2019年增长21.0%。全国收费公路通行费电子发票服务平台系统发票开票量约7.07亿张、开票金额1166.60亿元。受新冠疫情影响,2020年2月17日至5月6日高速公路免收通行费,2月至5月开票量同比2019年同期大幅下降;其他非免费期间,日均开票量为246.19万张,全年日均开票量为193.30万张。

8. 保通保畅和疫情防控工作扎实开展。2020年5月6日恢复收费以后至12月31日,全国高速公路网日均流量达到了3173.50万辆次,比2019年同期增长了7.81%。在流量持续攀升的同时,路网通行效率明显提升,日均拥堵缓行500米以上收费站数量比2019年同期下降了67.50%,日均拥堵缓行路段数量同比下降11.19%。统筹推进疫情防控和经济社会发展交通运输各项工作,坚持"一断三不断"确保公路运输通道顺畅;落实"三不一优先"做好应急物资运输保障;强化收费站、服务区等疫情防控工作。

全国公路网运行
监测与分析评价

第一章 全国公路网交通流量情况分析

一、全国高速公路网通行量情况

根据全国高速公路门架系统的数据统计，2020年全国高速公路日均通行量为3003.27万辆次，同比2019年增长2.13%。其中，客车日均流量2272.23万辆次，占比75.66%，同比下降2.06%，货车日均流量731.04万辆次，占比24.34%，同比增长17.82%。

（一）高速公路通行量时间分布特征

从时间分布看，2020年全国高速公路通行量月度变化特征较明显。受新冠疫情影响，1月、2月通行量大幅下降，其中，以1月20日为分水岭，高速公路通行量开始出现骤降，至2月16日高速公路通行量仅542.09万辆次，为历史最低值。高速公路开始免收通行费后，通行量开始反弹，至3月5日达到2654.4万辆次并反超2019年同期。2020年1月至3月高速公路通行量历史上首次出现"V"形分布。4月，高速公路日均通行量超过3900万辆次，为全年月度峰值，也是历史上高速公路日均通行量最高的月度。5月6日以后，全国收费公路恢复正常收费，疫情防控也趋于常态化，高速公路通行量基本恢复到日常水平。10月1日高速公路通行量达5301.58万辆次，为全年日流量最高值。11月、12月因季节因素影响流量逐月回落。具体月度分布情况如图1-1所示。

1. 疫情爆发初期，高速公路通行量出现断崖式下降

2020年1月中上旬，全国高速公路通行量总体呈增长态势，从1月1日的2585万辆次，增长至1月17日的3375.66万辆次，同比2019年（3026.94万辆次）增长11.52%，达到春节前峰值。1月20日疫情爆发，全国高速公路通行受到巨大影响。2月，全国高速公路客车通行量日均约813.45万辆次，同比2019年（2643.24万辆次）下降约69.2%；货车通行量降幅达到82.72%，仅为99.22万辆次。

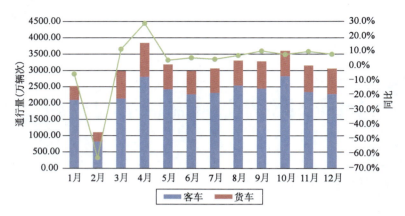

图 1-1 2020 年全国高速公路通行量月变化情况

疫情爆发初期,各地对高速公路纷纷采取管控措施,民众积极配合疫情防控普遍居家隔离。2020 年 1 月 20 日以后,高速公路通行量呈断崖式下降,并持续走低。特别是 2 月 9 日(正月十六)之后恢复收费的一周(至 2 月 16 日),高速公路通行量处于谷底水平,日均通行量不足 600 万辆次,仅为历史同期的两成。其中,2 月 16 日为历史最低值。

2. 复产复工阶段,高速公路通行量大幅反弹创新高

2 月 17 日起,全国高速公路开始免收所有车辆通行费。受到免费通行政策利好及农民工返岗复工需求增加影响,以及"一断三不断""三不一优先"及"五个严禁"等保通保畅措施的实施,高速公路通行量逐步平稳恢复。至 2 月 20 日已回升至 1359.38 万辆次,四天平均增幅达 27.84%,恢复到 2019 年同期的六成左右,特别是货车流量从 2 月 16 日的 99.22 万辆次快速增长到 3 月 2 日的 606.76 万辆次。全面免费通行政策为保障疫情期间防控与生产生活物资运输,支持企事业复工复产与农民工返岗,稳定经济社会大局提供了强有力的支撑。

随着高速公路运行秩序逐步恢复,3 月 5 日全国高速公路通行量达到 2654.4 万辆次,同比 2019 年(2501.47 万辆次)增长 6.11%,走势呈历史性"V"形。之后,高速公路通行量开始反超 2019 年同期,至 3 月 26 日达到 3393.12 万辆次,同比 2019 年(2673.33 万辆次)增长 26.92%。3 月,高速公路货车日均流量达到 2740.88 万辆次,同比 2019 年(2614.46 万辆次)增加 126.42 万辆次。从增长速度看,受免费通行政策影响,货车流量增速明显高于客车流量,货车流量较 2019 年同期增加近 3%。可以说,高速公路运行快速恢复,特别是货车流量的大幅增长,成为进入到复工复产阶段经济社会发展的重要晴雨表。鉴于同时期的全国铁路、民航、道路运输客运量高峰日仅为历史同期的 35%～45%,进一步说明高速公路免费通行政策红利已十分明显,公路运输撑起了复工复产的"半边天"。

3. 上半年节假日，高速公路通行量未恢复同期水平

受疫情影响，2020年上半年节假日的出行需求未能完全释放。例如，清明节假期日均通行量约3642.30万辆次，同比2019年（4884.10万辆次）下降25.43%，其中，客车流量9111.29万辆次，同比下降29.49%；货车流量2148.60万辆次，同比上升24.20%。随着疫情进一步得到控制，"五一"劳动节期间高速公路通行量同比仍处于下降态势，降幅约7.76%，出行需求仍未能完全释放，但货车比重较高并出现"逆增长"情况，说明疫情防控常态化后交通运输复工复产及物流运输需求持续旺盛。具体如表1-1、表1-2所示。

2019—2020年清明节假期全国高速公路通行量情况　　表1-1

日期	4月4日	4月5日	4月6日	日均值
2019年通行量（万辆次）	5132.92	4741.66	4777.72	4884.10
2020年通行量（万辆次）	3762.20	3609.19	3555.50	3642.30
同比（%）	-26.70	-23.88	-25.58	-25.43

2019—2020年劳动节假期全国高速公路通行量情况　　表1-2

日期	5月1日	5月2日	5月3日	5月4日	5月5日	日均值
2019年通行量（万辆次）	5723.48	5206.67	5013.99	4649.54	2812.97	4681.33
2020年通行量（万辆次）	4591.94	4260.63	4332.49	4201.41	4204.61	4318.22
同比（%）	-19.77	-18.17	-13.59	-9.64	49.47	-7.76

4. 恢复收费后，高速公路通行量稳定回升并同比增长

2020年5月6日高速公路恢复收费以来，高速公路日均通行量同比2019年增长9.30%，其中客车增长5.21%，货车增长24.43%，如图1-2所示。至2020年12月底，全国高速公路累计通行量近70亿辆次，其中，客车约52.76亿辆次，货车约16.57亿辆次，分别占76.0%、23.9%。恢复收费后，全国高速公路ETC累计通行量约45.73亿辆次，同比上升约21%。ETC日均通行量约1905.3万辆次，约占65.9%。2019—2020年全国收费公路ETC日均通行量同比变化情况如图1-3所示。

（二）高速公路通行量区域分布特征

1. 华东、华南地区高速公路通行量占比近五成

从空间分布看，全国高速公路通行量区域分布不均衡，华东、华南最高，华北、西南、华中次之，西北、东北最低，总体分布呈阶梯式特征。其中，华东地区日均通行量为813.94万辆次，占全国总量的24.14%；其次是华南地区，为734.46万辆次，占全国总量的21.78%。日均通行量最小的区域是东北地区，为131.73万辆次，仅占全国总量的3.91%。具体如图1-4所示。

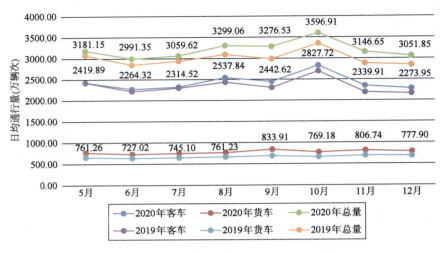

图 1-2　2019—2020 年全国高速公路日均通行量情况

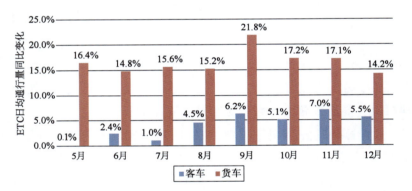

图 1-3　2019—2020 年全国收费公路 ETC 日均通行量同比变化情况

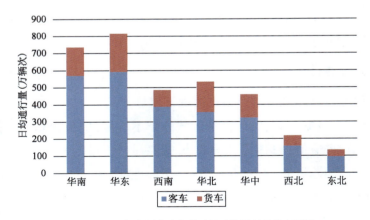

图 1-4　2020 年全国高速公路区域日均通行量分布情况

2. 广东、江苏、河北通行量约占全国三分之一

从全国31个省(区、市)高速公路通行量分布情况看,总量规模与该地区经济发展、产业布局、地理位置有密切关系。2020年,高速公路日均通行量(按高速公路出口流量统计)排名前五的依次为广东省549.74万辆次、江苏省222.12万辆次、河北省214.28万辆次、浙江省208.63万辆次、四川省203.14万辆次。上述五省分属粤港澳大湾区、长三角地区、京津冀地区以及川渝地区,通行量约占全国的43.9%。全国各省(区、市)高速公路日均通行量详见附录A。

受疫情影响较大的湖北省,高速公路日均通行量约93.81万辆次,低于邻省湖南(108.60万辆次)近13.61%,且绝大部分为省内通行量,出入省日均通行量约为7.3万辆次,占比不足10%。

3. 华北、华东地区高速公路货车通行量较高

2020年,全国高速公路货车流量平均占比为24.34%,同比2019年增长3.24%。其中,山西、天津、内蒙古、河北、山东、江西、吉林、宁夏、河南、湖北等省(区、市)货车流量占比超过30%,如图1-5所示。受复工复产阶段免收通行费政策等因素影响,公路货运需求强烈,4月15日货运流量达到单日历史最高的905.98万辆次,超过2019年货车流量峰值(766万辆次)近140万辆次。

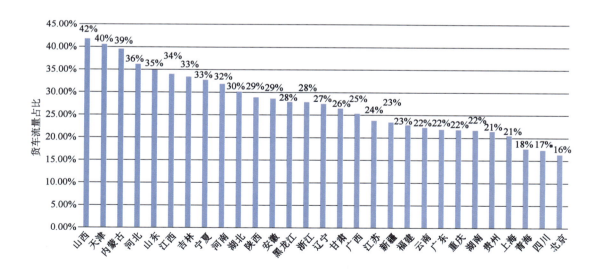

图1-5　2020年全国高速公路货车流量占比情况

二、全国干线公路网断面交通流量情况

根据全国交通情况调查系统统计数据,2020年全国干线公路年平均日交通量❶为14858pcu/日,同比2019年下降3.1%。其中,高速公路年平均日交通量为26862pcu/日,年平均日行驶量为175375万车公里/日,同比2019年分别下降1.1%、1.6%。2016—2020年全国干线公路网年平均日交通量变化趋势如图1-6所示。

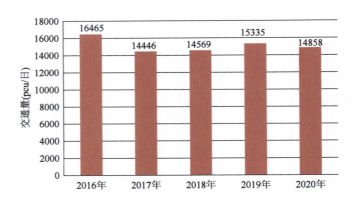

图1-6 2016—2020年全国干线公路网平均日交通量变化趋势

(一) 断面交通量时间分布特征

全国干线公路网断面交通量月度变化特征受疫情影响明显。2020年1月干线公路断面交通量明显下降,2月达到低谷,3月、4月反弹回升,从5月开始断面交通量保持高位运行,6月至10月保持稳定;11月后逐月回落。受高速公路免收通行费政策影响,高速公路断面交通量在4月达到峰值,普通国道断面交通量在10月达到高峰。具体变化情况如图1-7所示。

(二) 断面交通量区域分布特征

全国干线公路网区域断面交通量分布明显不均匀。其中,华东地区干线公路年平均日交通量最大,为25916pcu/日;其次是华南地区,年平均日交通量为25344pcu/日;西南地区年平均日交通量最小,仅为7358pcu/日,具体如图1-8所示。2020年,全国年平均

---

❶ 全国干线公路年平均日交通量:由高速公路、普通国省道组成的干线公路的年平均日交通量,反映了干线公路网总体断面交通量情况。pcu/日为交通量的单位,表示所调查统计的各类车型折算成标准车(小客车)后的断面交通量合计值。

日交通量前5位的省(区、市)依次是上海、浙江、广东、山东、江苏；后5位的省(区、市)依次是西藏、青海、贵州、新疆、黑龙江。

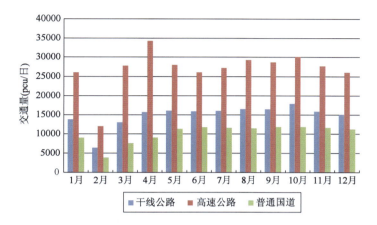

图1-7　2020年全国干线公路网断面交通量月度变化情况

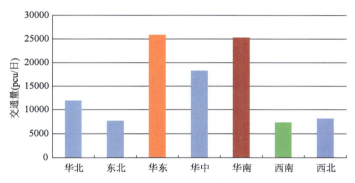

图1-8　2020年全国干线公路网区域断面交通量分布情况

从干线公路交通承载分布情况看，路网密集的华东地区承担的行驶量占全国总量的29.2%，其次是华中地区，占全国总量的17.5%，东北地区承担的行驶量占比最小，仅为5.6%。

（三）断面交通量路段分布特征

年平均日交通量较大的路段是沈海高速公路(G15)上海段、沪昆高速公路(G60)上海段和浙江段、京沪高速公路(G2)上海段和江苏段、沪蓉高速公路(G42)江苏段、沪陕高速公路(G40)上海段等。重点城市群联络线及地区环线中，年平均日交通量较大的路段是成都绕城高速公路(G4202)、杭州绕城高速公路(G2504)、上海绕城高速公路(G1503)、西安绕城高速公路(G3002)、广澳高速公路(G0425)等。年平均日交通量较小的国道路段主要分布在边疆地区,如肃北线(G571)甘肃段、札达线(G565)西藏段等。具体如表1-3所示。

全国干线公路网年平均日交通量情况　　　　　　　　表1-3

序号	通道	路段	交通量(pcu/日)
年平均日交通量较大的高速公路			
1	G15 沈海高速公路	上海段	185259
2	G60 沪昆高速公路	上海段	122435
3	G2 京沪高速公路	上海段	114571
4	G42 沪蓉高速公路	江苏段	113458
5	G2 京沪高速公路	江苏段	103295
6	G60 沪昆高速公路	浙江段	94926
7	G40 沪陕高速公路	上海段	93344
年平均日交通量较大的重点城市群联络线及地区环线			
1	G4202 成都绕城高速公路	四川段	110000
2	G2504 杭州绕城高速公路	浙江段	67982
3	G1503 上海绕城高速公路	上海段	63963
4	G3002 西安绕城高速公路	陕西段	80000
5	G0425 广澳高速公路	广东段	75308
年平均日交通量较小的国道			
1	G565	西藏段	163
2	G571	甘肃段	143

第二章 全国公路网拥堵缓行情况分析

一、全国干线公路网拥堵缓行总体情况

2020年全国干线公路网拥挤度❶为14.4%,同比2019年下降1.7个百分点,公路网畅通情况总体有所提升。其中,高速公路网拥挤度为10.4%,同比2019年下降0.3个百分点,其中"严重拥堵"状态的里程比例为3.4%,与2019年基本持平;普通国省道网拥挤度为16.1%,同比2019年下降2.2个百分点,其中"严重拥堵"状态里程比例为5.6%,同比2019年下降1.6个百分点。具体如图2-1所示。

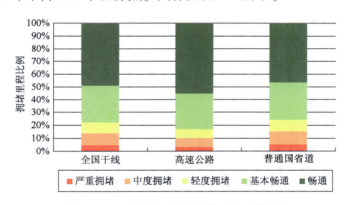

图2-1 2020年全国干线公路网拥挤度情况分布

(一)干线公路网拥堵时间分布特征

从时间分布看,全国干线公路网月均拥堵程度大部分处于"基本畅通"的状态。1、2月受疫情及流量大幅下降等因素影响,拥挤程度明显低于去年同期的月均水平,3、4月因高速公路免费通行流量大幅回升,拥挤程度也逐步提升;5月6日高速公路恢复收费以后,拥挤程度基本恢复到平均水平;8月至10月,由于暑假及国庆节长假,出行需求相

---

❶ 本报告中,路网拥挤度划分标准为:<11%畅通,[11%,19%)基本畅通,[19%,28%)轻度拥堵,[28%,36%)中度拥堵,≥36%严重拥堵。

对旺盛，拥堵程度略高。2020年全国干线公路网月平均拥挤度情况如图2-2所示，月度拥堵里程比例如图2-3所示。

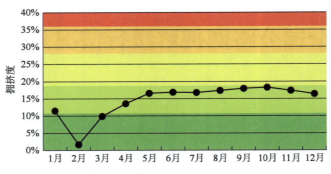

图2-2　2020年全国干线公路网月平均拥挤度情况

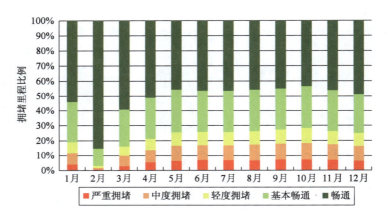

图2-3　2020年全国干线公路网月度拥堵里程比例

（二）干线公路网拥堵空间分布特征

2020年，全国干线公路网区域间拥堵程度差异较大，总体分布与通行量分布特征基本趋同，与路网密度、交通量组成等也有一定关系。例如，华南地区路网通行量低于华东地区，拥挤度明显高于华东地区，达到29.2%；东北、西南、西北地区路网较为畅通，拥挤度分别为9.4%、7.7%和6.3%。具体如图2-4所示。

与2019年相比，华中地区路网拥堵情况有所加剧，主要受到疫情管控措施影响，其他地区拥堵情况均有所缓解。近三年，华南地区的拥挤度始终处于全国高位；华北、西南、西北、华东地区拥挤度有所下降，东北地区基本持平。具体如图2-5所示。

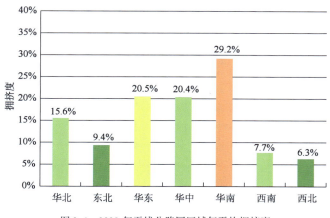

图 2-4 2020 年干线公路网区域年平均拥挤度

图 2-5 2018—2020 年干线公路网区域年平均拥挤度变化

二、公路运输通道畅通情况

2020 年,重点监测的 6 条主要运输通道中,京港澳高速公路拥挤度最高,达到中度拥堵水平,京哈、京沪高速公路拥挤度为轻度拥堵,长深、连霍、沪蓉等高速公路拥挤度处于基本畅通水平。其中,京沪、京港澳、长深和沪蓉通道中普通公路拥挤度为轻度拥堵水平,京哈和连霍通道中普通公路处于基本畅通水平❶。6 条主要运输通道拥挤程度受疫情影响,拥挤程度同比 2019 年下降 6.58%。2016—2020 年 6 条主要运输通道畅通情况如表 2-1 所示。

---

❶ 本报告中,通道拥挤度是指通道年平均日交通量与通道适应交通量的比值。

2016—2020 年 6 条主要运输通道畅通情况汇总表　　　　表 2-1

通道		拥挤度				
		2016 年	2017 年	2018 年	2019 年	2020 年
京哈通道	高速公路	0.68	0.63	0.59	0.75	0.79
	普通公路	1.01	0.84	0.79	0.78	0.70
京沪通道	高速公路	0.85	0.96	1.01	0.99	0.71
	普通公路	1.01	0.98	0.95	1.11	0.89
京港澳通道	高速公路	0.81	0.84	0.81	0.86	0.93
	普通公路	1.25	0.67	1.09	0.93	0.89
长深通道	高速公路	0.48	0.56	0.54	0.58	0.49
	普通公路	0.93	0.93	0.93	0.94	0.85
连霍通道	高速公路	0.34	0.36	0.38	0.37	0.39
	普通公路	0.54	0.70	0.70	0.66	0.60
沪蓉通道	高速公路	0.57	0.65	0.63	0.65	0.66
	普通公路	0.60	0.64	0.64	0.65	0.76

京哈通道中的 G1 河北段、G102 河北段，京沪通道中的 G2 北京段、江苏段、上海段，京港澳通道中的 G4 河北段、湖南段，沪蓉通道的 G42 江苏段，达到严重拥堵水平，且已持续 4 年以上。特别是京哈通道的 G102 河北段、京沪通道的 G2 北京段拥堵情况最为严重。

6 条主要运输通道运行状况评价结构详见附录 B。

三、全国高速公路拥堵路段情况

2020 年，全国高速公路日均拥堵缓行 1000 米以上的路段数量为 2288 个，同比 2019 年日均数量减少 566 个，同比下降 19.83%[1]，主要是受疫情及流量下降等因素影响。从月度分布来看，2 月受疫情影响，拥堵路段数量大幅下降，日均数量低于 1000 个；10 月受国庆长假集中出行影响，路段出现车多缓行情况较为突出，拥堵路段日均数量超过 3000 个。具体如图 2-6 所示。

2020 年，拥堵路段发生频次与数量较多的是：G1 京哈高速公路京秦段，G2 京沪高速公路无锡段、苏州段，G4 广深高速公路东莞段、深圳段，G15 沈海高速公路苏通大桥段，G36 宁洛高速公路滁州段，G60 沪昆高速公路金华段、衢州段，G93 成渝环线高速公路重庆段，G0121 京秦高速公路北京段等。

---

[1] 2019 年拥堵路段日均数量从当年 5 月开始统计。

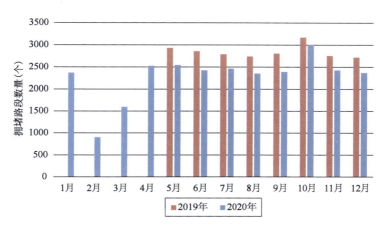

图 2-6　2020 年拥堵路段数量月度变化情况

四、全国高速公路拥堵收费站情况

2020 年，全国高速公路日均拥堵收费站为 244 个，同比 2019 年日均值减少 432 个，同比下降 63.88%，主要是取消省界收费站后省界主线拥堵已成为历史，加之收费站 ETC 通行效率大幅提升，拥堵收费站数量显著下降。从月度分布来看，2 月、3 月受疫情影响，拥堵收费站数量降至最低点，2 月日均量低于 100 个；4 月，随着高速公路免费通行与流量大幅增长，拥堵收费站数量逐步回升；5 月恢复收费后，日均拥堵收费站数量为全年最高的 458 个；6 月以后，在疏堵保畅措施的影响下，收费站拥堵缓行情况得到较大的缓解，拥堵收费站数量呈下降趋势。具体如图 2-7 所示。

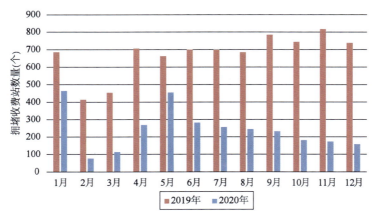

图 2-7　2020 年各月拥堵收费站数量变化

2020 年，全国高速公路拥堵缓行常发收费站主要分布在长三角地区和粤港澳大湾区，以及南京、上海、深圳、昆明、天津、宁波、珠海等大中城市周边。拥堵收费站分布规律与高速公路通行量、繁忙程度高的收费站基本一致,特别是货车流量较高的收费站也分布在广东、上海、天津等地,充分说明收费站货车通行效率直接影响收费站拥堵是否常发。具体如表2-2所示。

全国高速公路拥堵缓行常发收费站　　　　表2-2

拥堵缓行常发收费站名称	路线	所在城市
西善桥收费站	G4211 宁芜高速公路	江苏省南京市
昆明西收费站	G56 杭瑞高速公路	云南省昆明市
塘沽收费站	S50 津晋高速公路	天津市
高东收费站	G1503 上海绕城高速公路	上海市
北仑收费站	S1 甬台温高速公路	浙江省宁波市
南庄收费站	G2503 南京绕城高速公路	江苏省南京市
罗田收费站	S31 龙大高速公路	广东省深圳市
康桥收费站	S2 沪芦高速公路	上海市
布龙收费站	S28 水官高速公路	广东省深圳市
斗门收费站	S32 西部沿海高速公路	广东省珠海市

第三章 全国公路网阻断事件情况分析

一、全国干线公路网阻断事件总体情况

2020年,全国31个省(区、市)累计报送公路交通阻断事件共计13.87万起。其中,涉及高速公路115893起,约占95.93%;造成公路交通中断❶的2.47万起,约占17.81%,造成公路交通阻塞❷的11.4万起,约占82.19%。上述阻断事件累计造成公路阻断里程约234.02万公里,累计阻断持续时间约1025.96万小时。

2020年,公路阻断事件覆盖率❸有所增加,说明阻断事件空间分布范围持续扩大;阻断事件重复系数❹有所降低,说明部分路段及区域阻断事件发生频次有所降低,但阻断事件空间分布还是相对集中。具体如图3-1所示。

图3-1 2012—2020年阻断事件影响范围分析

---

❶ 公路交通中断:因某种原因导致公路处于无法通行或被迫封闭状态;行驶在公路上的车辆因某种原因处于滞留状态。
❷ 公路交通阻塞:因某种原因导致公路网受到影响但未达到交通中断的状态;行驶在公路上的车辆因某种原因处于低速行驶状态。
❸ 阻断事件覆盖率:某一区域内路网阻断里程与路网总里程的比值。覆盖率反映了公路阻断事件覆盖范围的大小,比值越大说明事件影响覆盖范围越广。
❹ 阻断事件重复系数:某一区域内路网累计阻断里程与公路网总里程的比值。重复系数反映了公路阻断事件重复发生的频率,比值越大说明某路段或区域发生阻断事件越多。

（一）公路阻断事件时间分布特征

从阻断事件时间分布看，受到年初疫情爆发以及南方地区春季梅雨季节、夏季汛期提前等因素影响，年初1月、春季4月与夏季8月的阻断事件相对频发，月均发生阻断事件均达到14000起以上。全年除2月、9月阻断事件相对较少，其他月份阻断事件也均达到1万起以上，具体如图3-2所示。

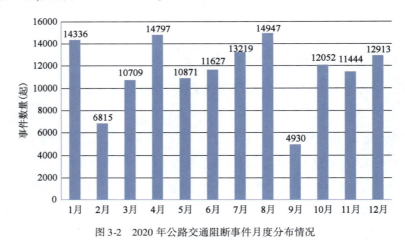

图3-2 2020年公路交通阻断事件月度分布情况

（二）公路阻断事件区域分布特征

从阻断事件区域分布看，2020年西南地区上报阻断事件最多，累计达55925起，占阻断事件总数的40.33%，累计阻断里程占5.6%，累计阻断持续时间占21.51%，说明西南地区阻断事件频发，但阻断事件对路网运行造成影响程度较小。东北、西北地区上报阻断事件最少，分别累计达3716起、6839起，仅占阻断事件总数的2.68%、4.93%。但是，西北地区的累计阻断持续时间全国最长，达到229.60万小时，占比达22.38%，累计阻断里程占7.82%，说明西北地区单起阻断事件对路网运行的影响程度较为严重。

华北、华中及华东地区阻断事件数量、累计阻断里程、累计阻断持续时间处于中等程度。其中，华北地区的累计阻断里程全国最长，达104.19万公里，说明华北地区阻断事件的影响范围最大。2020年各区域公路交通阻断事件数量、累计阻断里程、累计阻断持续时间分布情况，分别如图3-3、图3-4和图3-5所示。

（三）公路阻断事件省域分布特征

从阻断事件省域分布情况看，2020年阻断事件数量超过2000起的省（区、市）有16个，累计阻断里程超过4万公里的省（区、市）有14个，累计阻断持续时间超过20万小时的省(区、市)有 14 个。其中,重庆阻断事件最多,达到 31452 起;河北阻断事件的累计阻断里程最多,达到 54.93 万公里;甘肃报送阻断事件的累计持续时间最长,达到 101.19 万小时。具体情况见表 3-1。

图 3-3 2020 年公路交通阻断事件数量区域分布情况

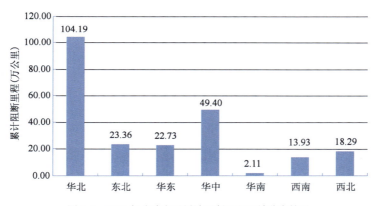

图 3-4 2020 年公路交通累计阻断里程区域分布情况

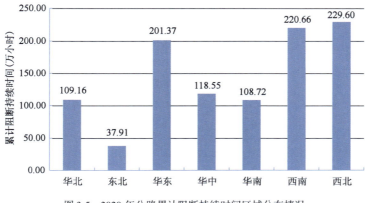

图 3-5 2020 年公路累计阻断持续时间区域分布情况

公路阻断事件省域分布情况　　　　　　　　　　　　　　　　表3-1

序号	阻断事件数量超过2000起的省(区、市)	累计阻断里程超过4万公里的省(区、市)	累计阻断持续时间超过20万小时的省(区、市)
1	重庆/31452 起	河北/54.93 万小时	甘肃/101.19 万小时
2	四川/20539 起	山西/36.77 万小时	陕西/99.45 万小时
3	湖南/12155 起	河南/33.24 万小时	重庆/98.48 万小时
4	河北/11777 起	黑龙江/17.69 万小时	广东/88.13 万小时
5	山西/9719 起	湖南/11.34 万小时	江西/66.59 万小时
6	广东/8586 起	江苏/10.36 万小时	四川/66.13 万小时
7	江西/8488 起	重庆/9.45 万小时	安徽/65.56 万小时
8	河南/7423 起	天津/7.52 万小时	湖南/57.95 万小时
9	云南/3746 起	新疆/6.85 万小时	江苏/56.63 万小时
10	陕西/3020 起	陕西/6.75 万小时	云南/51.84 万小时
11	天津/2756 起	江西/5.35 万小时	山西/40.27 万小时
12	北京/2690 起	山东/4.95 万小时	河南/36.26 万小时
13	安徽/2258 起	湖北/4.82 万小时	河北/29.58 万小时
14	江苏/2250 起	吉林/4.65 万小时	湖北/24.34 万小时
15	甘肃/2126 起	—	—
16	黑龙江/2022 起	—	—

2020年,陕西、河南、甘肃、四川、湖北、山西、湖南、河北、新疆和江苏的公路网阻断事件严重度❶较高,具体情况见表3-2。山西、天津的阻断事件重复系数和覆盖率都较为突出,说明阻断事件空间分布广,阻断事件发生的频次也较高;河北、河南的阻断事件重复系数较高,而覆盖率较低,说明阻断事件空间分布集中,同一路段发生阻断事件的频次较高;江西、吉林、北京的阻断事件重复系数较低,而覆盖率较高,说明阻断事件空间分布广,阻断路段重复率较低。具体情况见表3-3。

公路阻断事件省域严重程度分布情况　　　　　　　　　　　　　　　　表3-2

序号	省(区、市)	阻断事件严重度(万公里·天)	严重程度
1	陕西	230.74	非常高
2	河南	60.85	较高
3	甘肃	59.57	较高
4	四川	58.80	较高

---

❶ 阻断事件严重度:公路网中阻断里程(单位:公里)与阻断时间(单位:天)乘积之和。阻断事件严重度是反映公路网阻断事件严重程度及造成损失的指标,数值越大说明严重度越高。

续上表

序号	省（区、市）	阻断事件严重度（万公里·天）	严重程度
5	湖北	58.51	较高
6	山西	46.68	较高
7	湖南	44.64	较高
8	河北	39.78	较高
9	新疆	38.97	较高
10	江苏	38.82	较高

阻断事件重复系数、覆盖率省域分布情况 表3-3

序号	省（区、市）	总里程（公里）	累计阻断里程（公里）	阻断覆盖里程（公里）	重复系数	覆盖率
1	河北	35528	549278	6629	15.46	0.19
2	山西	24042	367664	16488	15.29	0.69
3	天津	5388	75241	1740	13.96	0.32
4	新疆	8814	68532	10724	7.78	1.22
5	河南	45072	332431	10227	7.38	0.23
6	黑龙江	32401	176902	4619	5.46	0.14
7	江苏	22410	103624	7297	4.62	0.33
8	重庆	21935	94543	5759	4.31	0.26
9	湖南	47753	113363	7219	2.37	0.15
10	吉林	20106	46483	7370	2.31	0.37
11	陕西	29378	67516	8253	2.30	0.28
12	北京	5188	11585	1782	2.23	0.34
13	江西	31074	53548	12509	1.72	0.40

二、公路阻断事件成因类型

2020年，突发性原因（地质灾害、事故灾害、恶劣天气等）造成的阻断事件共10.13万起，占阻断事件总数的73.05%；计划性原因（施工养护、重大社会活动等）造成的阻断事件共3.74万起，占阻断事件总数的26.95%。具体如图3-6所示。

公路交通中断事件中，39.09%是由恶劣天气引发的，24.40%是由事故灾害引发的，17.64%是由车流量大、抢修作业等引发的；公路交通阻塞事件中，29.21%是由车流量大、抢修作业等引发的，27.84%是由施工养护引发的，22.98%是由事故灾害引发的，17.10%是由恶劣天气引发的。具体如图3-7所示。

图 3-6　2015—2020 年阻断事件成因历年变化趋势

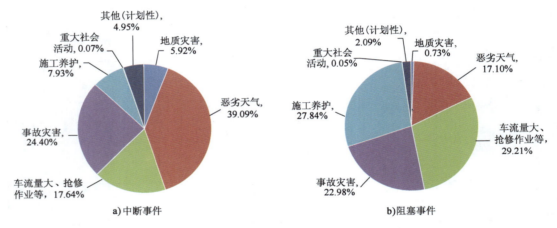

图 3-7　2020 年交通中断和交通阻塞事件主要成因分析

近六年来,公路阻断事件成因变化趋势与原因比例情况基本趋同。相比 2019 年,2020 年因地质灾害引发的阻断事件增加 8072 起,因恶劣天气引发的阻断事件增加 7495 起,因事故灾害引发的阻断事件增加 6252 起,因施工养护引发的阻断事件减少 6271 起。

此外,由车辆交通事故引发的阻断事件约占 18.90%,由公路施工养护引发的阻断事件约占 18.48%,由车流量大引发的阻断事件约占 14.26%,由于大雾、团雾等引发的阻断事件约占 9.46%,由降雨(积水)引发的阻断事件约占 6.85%。上述因素引发的阻断事件之和占全部阻断事件的 77.15%。具体如图 3-8 所示。

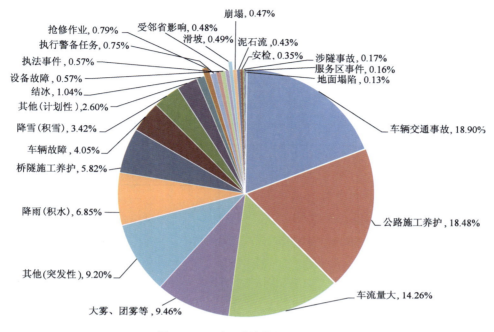

图 3-8 2020 年阻断事件主要成因分布

三、公路运输通道阻断情况

2020 年,受新冠疫情影响,重点监测的 6 条主要运输通道中,高速公路阻断率大幅提升,且处于较高水平❶。其中,京港澳高速公路阻断率最高,且增长最快;长深高速公路阻断率最低。普通公路阻断率,除沪蓉通道处均低于高速公路,其中长深通道普通公路阻断率最低。6 条主要运输通道近五年阻断情况如表3-4 所示。

2016—2020 年 6 条主要运输通道阻断情况汇总表　　表 3-4

运输通道		阻断率				
		2016 年	2017 年	2018 年	2019 年	2020 年
京哈通道	高速公路	3.26	1.42	2.98	5.08	11.61
	普通公路	1.50	0.02	1.39	0.28	0.49
京沪通道	高速公路	4.55	1.09	4.34	10.59	32.84
	普通公路	9.01	0.02	0.94	1.11	4.78
京港澳通道	高速公路	4.42	1.28	7.97	16.24	37.12
	普通公路	0.53	0.00	0.25	0.60	2.05

---

❶ 本报告中,通道阻断率划分标准为:<0.06 低,[0.06,0.45)较低,[0.45,0.6)中,[0.6,2)较高,≥2 高。

续上表

运输通道		阻断率				
		2016年	2017年	2018年	2019年	2020年
长深通道	高速公路	0.58	0.46	2.27	7.25	5.04
	普通公路	2.12	0.01	0.32	0.06	0.53
连霍通道	高速公路	1.36	7.41	11.81	25.47	34.22
	普通公路	1.43	5.56	4.97	5.15	4.03
沪蓉通道	高速公路	5.60	2.30	4.55	19.01	12.10
	普通公路	2.92	0.07	0.86	0.15	16.56

第四章 全国公路网技术状况情况分析

一、路面路况检测结果及特征

2020年度，抽检的5.6万公里全国干线公路路况总体达到优等水平。其中，路面技术状况指数（PQI）平均值为90.86，优良路率为91.69%，次差路率为3.79%。

（一）高速公路路面技术状况

2020年，抽检的1.77万公里高速公路总体路况水平达到优等水平。其中，PQI平均值为94.40，优良路率为91.83%，次差路率为0.18%。全国高速公路总体路况达到交通运输部《"十三五"公路养护管理发展纲要》中"PQI大于92"的要求。

从区域分布情况看，东、中、西部地区高速公路路况等级均为优等。东部地区路况最好，西部地区路况最差，自东向西呈逐步下降趋势。东部地区的PQI均值较中、西部地区分别高出0.76和1.25。具体路况指标如图4-1所示。

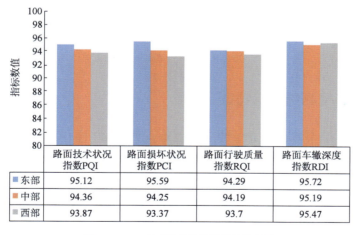

图4-1 2020年高速公路路况指标示意图

(二) 普通国省道路面技术状况

2020年,抽检的3.83万公里普通国省道总体路况水平达到优等水平。其中,路面技术状况指数(PQI)平均值为89.22,优良路率为88.24%,次差路率为5.46%。全国普通国省道总体路况达到交通运输部《"十三五"公路养护管理发展纲要》中"PQI达到80以上"的要求。

从区域分布情况看,东部地区普通国省道路况水平显著优于中西部。东、中、西部普通国省干线路面技术状况指数PQI均值分别为92.43、88.13和88.32,东部地区评价为优等,中、西部均评价为良等,均达到交通运输部《"十三五"公路养护管理发展纲要》中"东、中、西部普通国省道PQI分别达到82、80、78以上"的要求。分项指标中,东、中、西部路面损坏状况指数PCI指标,东部最优,西部次之,中部略低;路面行驶质量指数RQI指标,东部最优,中部次之,西部略低。各区域路况结果如图4-2所示。

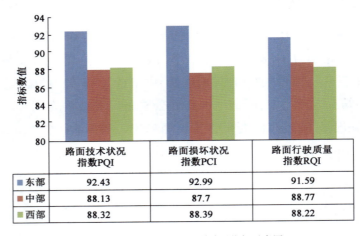

图4-2 2020年普通国省道路况指标示意图

二、重点桥隧检测结果与特征

2020年,全国31个省(区、市)共计抽检重点桥梁40座(梁式桥22座、拱式桥11座、斜拉桥4座、悬索桥3座),其中高速公路桥梁25座、普通国道桥梁15座。共计抽检重点隧道10座(特长隧道7座,长隧道3座),其中高速公路隧道9座、普通国道隧道1座。

(一) 重点桥梁检测结果与特征

从规范化评分看,各级桥梁养护管理规范化水平持续提升。抽检的重点桥梁技术状况复核结果为:一类桥2座,二类桥34座,三类桥3座,四类桥1座。其中,云南省南盘江大桥技术状况等级由二类变成三类,其余与抽检桥梁末次评定结果一致。2020年,桥梁技术状况及安全运营情况总评分为82.29分,较2019年的81.27分略有提高。其中,处于平均分以上的有24座,最高分为湖南滤子口高架桥89.45分,最低分为青海老鸦峡1号纵向特大桥65.85分。总体来看,桥梁养护维修及时,检修通道设置也得到逐步改善,大部分桥梁可实现抵近检查;部分桥梁应加强桥梁安全风险管理和隐患排查工作,积极开展桥梁运营期重大风险事件防控措施有效性后评估。

省级交通运输主管部门重点桥梁养护管理规范化评价总评分为89.56分,较2019年的87.06分有所提升。桥梁养护及安全运营管理持续加强,桥梁安全运行态势平稳,在监测制度、例行检查制度、分类处置制度、定期培训制度、挂牌督办制度、危桥改造等方面执行情况整体较好,但在责任制度执行、桥梁安全运营、资金保障、桥梁管理系统及"四新"技术应用方面仍存在不足。

桥梁养管单位规范化评价总评分为95.16分,与2019年95.18分基本持平。其中,处于平均分以上的有21个,最高分为辽宁牤牛河特大桥、江苏京杭运河特大桥、重庆忠县长江大桥、广西那莫大桥,均为98.68分;最低分为黑龙江四丰山特大桥83.24分。桥梁养管单位的责任划分、资金保障、信息公开、例行检查、定期培训、技术档案管理、桥梁养护工程师等制度执行情况良好,病害处治、加固实施、预案编制及演练等工作完成情况较好,在科学决策方面还需进一步完善相关制度或规定,加强相关研究及应用。

(二)重点隧道检测结果及特征

从规范化评分看,各级隧道养护管理规范化水平持续提升。抽检的重点隧道技术状况复核结果为:1类隧道1座,2类隧道3座,3类隧道6座。其中,山东伙路隧道因完成维修作业由2类变为1类,海南大茅隧道、内蒙古茅荆坝隧道、新疆将军沟隧道由2类变为3类。2020年,隧道技术状况及安全运营情况总评分为85.02分,较2019年的78.13分有较大提升。其中,处于平均分以上的有7座,最高为山东伙路隧道97.99分,最低为西藏嘎隆拉隧道58.2分。总体来看,隧道养护维修及时、风险管理和隐患排查工作制度健全、防控措施到位;部分隧道应加强日常养护和病害处治工作。

省级交通运输主管部门重点隧道养护管理规范化评价总评分为85.81分,较2019年的82.50分有较大提升。隧道养护及安全运营管理持续加强,运行态势平稳,在明确责任划分、提升监管能力、落实挂牌督办制度、加强安全运营宣传等方面执行情况良好,但仍存在长大隧道目录更新不及时、未安排隧道专项养护资金、应急工作指导和协调力度不足等问题。

隧道养管单位规范化评价总评分为83.59分,较2019年82.01分有所提高。其中,处于平均分以上的有4个,最高为山东伙路隧道95.11分,最低为西藏嘎隆拉隧道72.69分。隧道养管单位在工作制度建设、安全运营宣传,以及专项应急资金设立等方面执行情况较好,在应急检查、专项检查、汛前检查、定期培训等方面完成情况良好。

三、公路交通安全设施分析评估

2020年,对广东、广西、海南、上海和浙江等5省(区、市)2500公里的普通国道交通安全设施进行分析评估,结果显示:设施基本符合现行标准规范和技术要求。其中,路侧防护率左侧为99.53%、右侧为99.38%,标志完好率为92.53%,中心标线完好率为89.98%,沿线设施完好率为98.64%,沿线设施技术状况指数(TCI)为96.18。

安全设施存在的主要问题:路侧被动防护设施设置相对完善,路侧防护端头、护栏过渡处置等细节需要完善。例如:海南G540国道和上海G228国道路侧防护率相对较低,桥梁护栏防护能力不足。标志、标线和护栏等安全设施的养护仍需不断重视和加强。总体来看,自2016年以来,评估路段的公路安全设施风险均值总体呈降低趋势,但仍需进一步加强公路交通安全设施的管理与养护。

四、公路养护管理绩效评价结果

2020年6月,交通运输部办公厅印发《关于印发"十三五"全国干线公路养护管理评价标准的通知》(交办公路函〔2020〕897号)《关于印发2020年度国省干线公路网技术状况监测实施方案的通知》(交办公路函〔2020〕1135号)和《关于印发"十三五"全国干线公路养护管理治理能力评价表的通知》(交办公路函〔2020〕1344号),从综合质量效益、治理能力、公众满意度等方面对全国干线公路养护管理进行评价。

综合质量效益评价占总评分的60%,包括:对2016年至2019年抽检的10.15万公里、2020年抽检的5.6万公里普通国省道和高速公路路况进行评分;治理能力评价占总评分的35%,采取31个省(区、市)交叉互评方式,从创新、协调、绿色、开放、共享等五个方面的102项工作进行评分;公众满意度评价占总评分的5%,通过统计16.5万样本量的公众满意度调查结果进行评分。养护管理绩效评价满分为1000分,通过普通国省道评分和高速公路评分加权合计。"十三五"全国干线公路养护管理绩效评价结果评分排名见表4-1。

"十三五"全国干线公路养护管理绩效评价结果评分排名 表4-1

综合评分		高速公路评分		普通国省道评分	
名次	省(区、市)	名次	省(区、市)	名次	省(区、市)
1	江苏	1	江苏	1	江苏
2	重庆	2	湖南	2	安徽
3	上海	3	重庆	3	重庆
4	浙江	4	上海	4	北京
5	安徽	5	福建	5	浙江
6	北京	6	浙江	6	上海
7	福建	7	山东	7	山东
8	山东	8	安徽	8	福建
9	湖南	9	北京	9	贵州
10	四川	10	江西	10	四川
11	江西	11	四川	11	辽宁
12	广东	12	广东	12	湖南
13	贵州	13	云南	13	江西
14	辽宁	14	陕西	14	广东
15	陕西	15	吉林	15	天津
16	天津	16	河南	16	陕西
17	河南	17	广西	17	宁夏
18	宁夏	18	辽宁	18	河南
19	云南	19	贵州	19	甘肃
20	湖北	20	山西	20	湖北

总体来看,东部地区公路养护管理工作仍处于领先地位,并呈现分化趋势,江苏名次蝉联第一,浙江排名进步明显,但辽宁、河北、天津的排名下降明显;中部地区安徽、湖南、江西进步较明显,湖北、吉林、有所下滑;西部地区呈现积极态势;西南片区重庆、四川、贵州进步显著,其中重庆居于全国第2位、四川居于全国第10位、贵州居于全国第13位;西北片区宁夏、内蒙古、新疆也有较大进步。直辖市排名中,重庆位居第一,上海保持第二。

第五章 全国收费公路联网收费情况分析

(一) 全国联网收费总体情况

2020年5月6日恢复收费至12月底,全国29个联网收费省(区、市)总交易量约69.44亿笔、总交易额4076.66亿元,其中ETC交易量约45.73亿笔、ETC交易额2726.21亿元。

(二) 联网收费ETC交易情况

自2020年5月6日恢复收费至12月底,全网ETC交易量约45.73亿笔,日均1905.3万笔,比2019年增长21.0%,如图5-1所示。其中,客车ETC交易量约37.57亿笔,货车ETC交易量约8.12亿笔。其中,2020年12月份,ETC支付使用率达到67.05%,客车ETC支付使用率为70.31%,货车ETC支付使用率为57.03%,如图5-2所示。

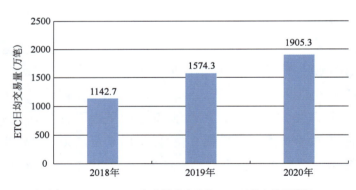

图5-1 2018—2020年全国收费公路ETC日均交易量情况

2020年,全网ETC支付使用率超过70%的省(区、市)分别为福建、四川、辽宁、浙江。其中,客车ETC支付使用率超过75%的省(区、市)分别为福建、四川、辽宁;货车ETC支付使用率超过65%的省(区、市)分别为山西、福建、辽宁、浙江、安徽、山东。

图 5-2 2018—2020 年 12 月 ETC 支付使用率情况

(三) 跨省清分结算交易情况

自 2020 年 5 月 6 日恢复收费至 12 月底,全国跨省清分结算交易量约 21.85 亿笔、交易额 2308.93 亿元,清分结算实时率 100%、准确率 100%。其中,ETC 通行交易拆分约 16.35 亿笔、1764.89 亿元;多省其他交易拆分约 5.40 亿笔、542.92 亿元;ETC 拓展服务交易清分约 0.10 亿笔、1.12 亿元。

(四) 通行费电子发票开具情况

2018 年 1 月 1 日,全国收费公路通行费电子发票服务平台系统(以下简称"发票服务平台")正式上线,实现收费公路通行费增值税电子发票的统一开具。截至 2020 年 12 月 31 日,发票服务平台已为 1856.01 万用户提供开票服务,促进了物流行业的降本增效。

2020 年,发票服务平台注册用户 904.07 万,约为 2018 年、2019 年注册用户量总和。绑卡 925.59 万张,其中,单位卡绑卡 123.46 万张,占绑卡总量的 13.34%;个人卡绑卡 802.14 万张,占绑卡总量的 86.66%。2020 年已绑定卡片总量占 ETC 发卡总量的 9.56%;已绑定卡片中,客车卡占比 79.13%,货车卡占比 12.85%。全年日均绑卡量为 2.53 万张,其中,华东地区日均绑卡量最多(9324 张,占全国的 36.87%)。具体情况如图 5-3 所示。

2020 年,发票开票量约 7.07 亿张、开票金额 1166.60 亿元。其中,客车开票量占 52.52%,客货车开票量之比为 1∶0.89,客车开票量首次超过货车。征税消费发票约 6.04 亿张、开票金额 938.88 亿元,可抵扣税额约 28.07 亿元;不征税消费发票约 7077.65 万张、开票金额 306.16 亿元;充值发票约 356.57 万张、开票金额 65.86 亿元;红字发票约 2864.67 万张、开票金额 144.30 亿元。

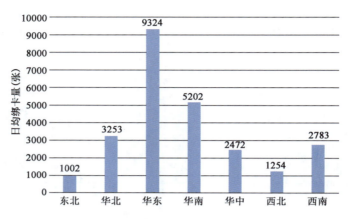

图 5-3 2020 年区域日均绑卡量分布图

受新冠疫情影响,2020 年 2 月 17 日至 5 月 6 日高速公路免收通行费,2 月至 5 月开票量同比 2019 年同期大幅下降;其他非免费期间,日均开票量为 246.19 万张。全年日均开票量为 193.30 万张。具体开票情况如图 5-4 所示。

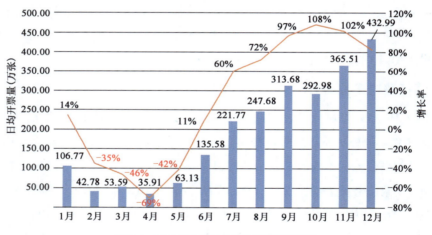

图 5-4 2020 年全国每月日均开票量趋势图

下篇

全国公路网运行管理与服务工作

第六章 公路网运行制度与机制建设情况

一、公路网运行管理机构建设

截至 2020 年底，全国共有北京、天津、山西、内蒙古、黑龙江、上海、江苏、浙江、安徽、江西、山东、重庆、四川、贵州、云南、西藏、甘肃、青海、宁夏、新疆等 20 个省（区、市）正式建立了省级路网运行管理机构，负责统筹省域辖区范围高速公路与普通公路路网运行监测、应急处置与出行服务等工作。其中，20 个省（区、市）在交通运输主管部门或高速公路（投资控股）集团公司设立了省级高速公路路网分中心（或监控/收费结算中心）。辽宁、吉林、安徽、福建、江西、青海等 6 个省在普通公路管理机构下设立了省级普通国省干线路网分中心。具体详见表 6-1。

2020 年度全国路网运行管理机构情况汇总表　　　表 6-1

序号	省（区、市）	路网运行管理机构	高速公路路网分中心	普通国省干线路网分中心
1	北京	道路路网管理与应急处置中心	北京首都公路发展集团有限公司监控中心	—
2	天津	公路事业发展服务中心路网信息服务中心		
3	河北	—	河北高速集团有限公司监控中心	
4	山西	交通运输运行监测与应急处置中心		
5	内蒙古	综合交通运行监测与应急指挥中心	高速公路联网收费结算管理服务中心	
6	辽宁	—	辽宁省高速公路运营管理有限责任公司监控中心	省交通运输事业发展中心
7	吉林	—	—	普通公路路网运行管理中心
8	黑龙江		—	普通公路路网监测中心

续上表

序号	省(区、市)	路网运行管理机构	高速公路路网分中心	普通国省干线路网分中心
9	上海	交通指挥中心	—	—
10	江苏	公路事业发展中心	江苏交通控股有限公司监控中心	—
11	浙江	公路与运输管理中心	—	—
12	安徽	交通运输联网指挥中心(交通运输综合执法监督局)	安徽交通控股集团有限公司监控中心	省公路管理服务中心
13	福建	—	福建高速公路联网运营有限公司联网运营管理中心	省路网监测与应急处置中心
14	江西	高速公路联网管理中心(交通运输厅应急指挥中心)	江西交通投资集团有限公司监控中心	省公路管理局信息数据中心
15	山东	交通运输监测与应急处置中心	山东高速监控中心	—
16	河南	—	高速公路联网管理中心	—
17	湖北	—	高速公路联网收费中心	—
18	湖南	—	湖南高速公路集团有限公司路网运行监测指挥中心	—
19	广东	—	广东交通集团有限公司高速公路监控中心	—
20	广西	—	自治区高速公路发展中心	—
21	重庆	交通运行监测与应急调度中心	重庆高速公路集团有限公司监控中心	—
22	海南	—	—	—
23	四川	路网运行调度中心	高速公路联网结算管理中心	—
24	贵州	交通信息与应急指挥中心	贵州高速公路集团有限公司路网中心	—
25	云南	路网监测与应急指挥中心	—	—
26	西藏	路网监测与应急处置中心	—	—
27	陕西	—	高速公路联网收费管理中心	—
28	甘肃	交通运行(路网)监测与应急处置中心	—	—
29	青海	路网运行监测与应急处置中心	—	省公路局公路养护应急保障中心
30	宁夏	路网监测与应急处置中心(交通信息监控中心加挂)	—	—
31	新疆	路网监测与应急处置中心	—	—

二、公路网运行管理机制建设

(一) 部—省—站三级路网会商调度机制

2020年,为提升公路网运行监测和突发事件处置能力,做好公路疏堵保畅工作,确保路网运行安全畅通,交通运输部公路局、路网监测与应急处置中心与全国31个省(区、市)的8832个收费站建立了部—省—站三级路网会商调度机制,通过"音视频调度系统"及时开展拥堵情况通报和拥堵事件协调调度工作,如图6-1所示。同时,对全国高速公路收费站和路段开展24小时监测,对发现拥堵缓行长度超过500米的收费站,立即启动三级协调联动机制,及时调度疏导,防止出现大面积拥堵。高速公路拥堵收费站从最高的1196个,降至最低56个,拥堵路段从高峰的8428个,降至最低的1939个,基本实现春运起始阶段消除高速公路大范围拥堵现象的目标,为取消高速公路省界收费站、疫情防控疏导保畅及节假日路网服务保障等提供了重要支撑。

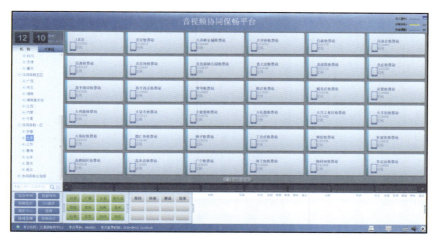

图6-1 部—省—站音视频协同保畅平台

(二) 区域路网协调联动保通保畅机制

2020年,交通运输部公路局、交通运输部路网监测与应急处置中心继续组织重点区域开展路网协调联动和保通保畅工作,在春节、国庆等重大节假日、春运等重点保障时段组织京津冀、长三角、粤港澳大湾区、成渝地区等重点区域开展路网运行分析研判工作,建立区域公路保畅联络工作群,定时报送与发布公路阻断信息,指导各地做好研判分析,强化跨区域协调联动,高效处置公路交通突发事件,不断加强收费站、服务区管理和保障各项工作,有效提高了节假日、重要时段、重大突发事件跨省区协同效率。

(三)地方公路网运行管理制度建设

2020年,各省(区、市)交通运输主管部门高度重视路网运行管理制度建设,编制出台了一系列制度规范,促进了路网监测、应急处置、出行服务、联网收费等工作的规范化管理,强化了监督考核机制和路警联动机制建设,为服务公众安全便捷出行提供了制度保障。例如:江苏省出台了《江苏省公路网运行管理办法》。

第七章 公路网运行保通保畅工作情况

一、取消省界收费站"第十战役"

2020年1月1日零时,全国高速公路487个省界收费站如期取消,高速公路主线形成了无障碍通行的"一张网",为人民群众提供了"一脚油门踩到底"的出行体验。在取消省界收费站初期,因业务不熟悉、技术不稳定等原因,出现了系统运行故障、收费金额异常、部分收费车道拥堵等问题。1月3日,交通运输部组织召开全国高速公路收费站保通保畅工作视频会,将高速公路保通保畅工作列为取消省界收费站的"第十项攻坚战",成立专项指挥部,印发了《关于加强高速公路收费站保通保畅工作的通知》(交公路明电〔2020〕4号)和《关于做好高速公路收费站保通保畅有关工作的函》(交公便字〔2020〕4号),正式启动保通保畅"第十战役"。

(一)扎实开展ETC系统问题"清零"工作

全面部署ETC系统问题"清零行动",成立ETC技术保障小组开展对口指导和帮扶,系统排查并解决出入口车道的问题。截至1月19日,累计升级车道系统软件200余次,升级和优化费率计算模块800余次,调优客户服务App和小程序30余次,提高了ETC门架系统的识别率,确保为客户及时准确地推送通行费信息。严格执行"两个确保、一个降低"的要求,督促指导客车和货车收费标准复核工作,对不符合要求的,通过降低收费标准或者差异化方式落实。这一阶段,ETC服务监督热线95022累计受理公众举报投诉8.78万次,实现对公众反映问题线索的逐条核实、处理与回复,坚决维护高速公路使用者的合法权益。至2020年春节前夕,ETC联网收费系统运行基本趋于稳定,拥堵500米收费站从1月8日的高峰789个,降至了1月19日的567个,同比2019年平均下降约28%,平均通行速度提高约71%,收费站拥堵明显缓解,公众出行体验不断提升。

(二)全力开展拥堵收费站疏堵保畅工作

2020年1月10日以来的春运初期,高速公路网流量持续攀升,至1月17日(农历腊月二十三日)达到节前高峰值3375.66万辆次,同比2019年(3026.94万辆次)增长11.52%。截至1月20日疫情爆发前,累计开展部—省—站三级调度3737次,协调调度拥堵事件6678起,通报拥堵收费站3339起,有效提升了"绿色通道"车辆查验效率,加强了收费广场交通组织管理,确保了车辆分类有序规范通行。同时,加强宣传引导、政策解读和信息公开,主动接受社会监督,对反映的问题第一时间调查核实,及时回应、有效处置,基本实现了春运起始阶段消除高速公路大范围拥堵现象的目标,为进入疫情防控及春节期间路网运行服务保障提供了重要支撑。

2020年5月6日恢复收费以后,系统转换磨合初期出现的各类问题得到有效解决,ETC"费显"工程和联网收费系统优化升级顺利完成,全国联网收费系统运行稳定,交通流量持续增长,公路网通行顺畅,舆情总体平稳,系统转入常态化运行阶段。从5月6日至12月31日,全国高速公路网日均流量达到了3173.50万辆次,比2019年同期增长了7.81%。在流量持续攀升的同时,路网通行效率明显提升,日均拥堵缓行500米以上收费站数量比2019年同期下降了67.50%,日均拥堵缓行路段数量同比下降11.19%。

二、疫情防控与应急物资运输保障

(一)坚持"一断三不断"确保公路运输通道顺畅

自2020年疫情爆发后,随着各地加强疫情防控措施,设置公路防疫站点与封闭公路的情况逐步凸显,至2月10日全国公路设置防疫站点达到19589处(服务区、收费站等)。受此影响,不少高速公路主线、出入口因防疫检测工作引发了长时间、长距离拥堵,给公众出行和诱发聚集性疫情带来风险。对此,交通运输部于1月29日、1月30日和2月2日分别印发《关于统筹做好疫情防控和交通运输保障工作的紧急通知》(交运输明电〔2020〕33号)《关于做好当前疫情防控形势下公路保通保畅的通知》(交公路明电〔2020〕36号)和《关于进一步加强高速公路主线通行管理工作的紧急通知》(交公路明电〔2020〕41号),明确提出"坚决阻断病毒传播渠道,保障公路交通网络不断、应急运输绿色通道不断、必要的群众生产生活物资运输通道不断"的"一断三不断"原则。明确要求各地交通运输主管部门坚持属地负责、科学研判、分类施策,配合公安、卫生健康等部门依法依规开展高速公路出入口、省界和服务区、国省干线和农村公路等通道管控和体温检测防疫工作,发现发烧人员,要按照规定做好人员移交处置;严禁未经批准擅自设卡、拦截、断路(如堆填、挖断等硬隔离措施)等违法行为,不得采取封闭高速公路、阻断国省干线公路等措施。

受防疫检测及春节后返程流量叠加因素影响,G36宁洛高速公路苏皖省界流量持续增大,因江苏方面在省界主线处设置防疫检测站,每日排队检测的车辆拥堵超过10公里。2月8日,李小鹏部长在部指挥大厅现场调度江苏、安徽两省,指导江苏方面采取间断放行和借用对向车道通行等方式,加快检测和车辆通行速度。江苏高速公路有关部门连夜制订方案并对相关路段进行改造,安置标志标牌并疏导车辆,有效缓解了因检疫造成的拥堵情况,提高了车辆通行效率。

2月7日国务院办公厅印发《关于做好公路交通保通保畅工作 确保人员车辆正常通行的通知》,就进一步做好公路交通保通保畅工作,确保人员车辆正常通行,切实维护经济社会正常秩序作出专门部署。随后,交通运输部联合公安部、国家卫生健康委员会召开电视电话会议,再次重申了严禁擅自封闭高速公路出入口,严禁阻断国省干线公路,严禁硬隔离或挖断农村公路,严禁阻碍应急运输车辆通行,严禁擅自在高速公路服务区和收费站、省界和国省干线公路设置疫情防控检疫点或检测站(即"五个严禁"),已违法违规设置的要坚决撤销。同时,加强交通疏导,防止发生长时间、长距离公路交通拥堵,确保应急车道畅通。此后,各地陆续开始落实合理选定卫生防疫站设置地点,加强检疫站点现场路面管控和交通疏导,进一步增加防疫检测力量,尽量采取复式检测等方式,提高检测效率并缩短车辆排队候检时间;强化路网运行监测与预警,充分利用公路沿线可变信息标志、电视、广播、微信、微博、导航软件等多种方式,及时向社会发布路况与管制信息等措施。至2月底,全国公路主线、服务区、收费站及出入口设置的防疫站点已降至1000处以下,高速公路省界处防疫站除湖北、北京等重点地区外基本撤销,确保了春运期间公路基本通行和应急物资运输通道的畅通,为复工复产提供了重要保障。

(二)落实"三不一优先"做好应急物资运输保障

疫情初期,各地特别是湖北及武汉地区的防疫物资严重短缺,全国各地防疫物资和医护人员驰援武汉。交通运输部按照国家应对新冠肺炎疫情联防联控工作机制要求并结合疫情防控需要,自1月24日起连续印发《关于做好新型冠状病毒感染的肺炎疫情防控物资和人员应急运输优先保障工作的通知》（交公路明电〔2020〕27号）、《关于做好应对新型冠状病毒感染的肺炎疫情物资运输保障工作的通知》（交运明电〔2020〕31号）、《关于切实保障疫情防控应急物资运输车辆顺畅通行的紧急通知》（交运明电〔2020〕37号）等文件，部署落实对应急运输车辆采取不停车、不检查、不收费、优先通行的"三不一优先"措施，要求各地开辟公路"绿色通道"，简化办理统一样式的《新冠肺炎防控应急物资及人员运输车辆通行证》，优先保障应急运输车辆通过防疫站点和收费站，必要时可借用高速公路应急车道通行，减少排队和拥堵。同时，严格禁止违规设卡阻碍应急物资运输车辆通行，并公开设立"应急物资运输保障电话"，第一时间协调解决反映的问题，全力做好物资运输保障工作。

首次保障防疫物资运往武汉。 2月3日8时20分，从广州出发的装载4.5吨新型冠状病毒检测试剂及配套设备的应急车辆，长途跋涉1100公里，顺利抵达武汉机场高速公路黄花涝收费站，将试剂移交地方卫生部门。其间，部路网中心值班室密切监测车辆的行驶路线以及沿途路网运行状况，及时与相关省份交通运输主管部门协调疏导、保障沿途公路交通畅通，并做好运输车辆跨省交接工作，首次完成了公路交通防疫物资向武汉运输保障任务，有力保障了应急物资及时到达疫情防控第一线。

蒙古国跨境运输协调保障。 1月30日，部积极协调河北、内蒙古、宁夏等省（区、市）的交通运输主管部门，在疫情防控期间开展蒙古国跨境物资运输车辆的公路交通协调保障，为"一带一路"跨境公路交通运输保障工作提供了宝贵经验。

至2月2日，全国高速公路应急物资绿色通道通行车辆达到1.7万辆次，其中，湖北省应急物资车辆为8362辆次，基本解决了疫情初期的公路应急物资运输保障问题，实现了防疫物资、人员应急运输的高效、畅通。2月4日，为更好地服务农民工安全、便捷返岗，满足企业复工复产需求，经国务院同意，交通运输部印发了《关于疫情防控期间免收农民工返岗包车公路通行费的通知》（交公路明电〔2020〕52号），将地方政府组织的农民工返岗包车纳入疫情防控应急运输"绿色通道"政策范围，并参照应急物资运输车辆"三不一优先"及通行证办理与使用原则，印发了《新型冠状病毒感染肺炎疫情防控期间农民工返岗包车通行证》，由承运单位按照统一样式自制车辆通行证，随车携带优先便捷通行，免收高速公路通行费。

（三）确保高速公路"免费不免责""免费不免服务"

疫情爆发初期，恰逢2020年农历庚子春节假期，为贯彻落实春节假期延长及扎实做好错峰返程和疫情防控等工作,交通运输部于1月27日和2月2日分别印发了《关于延长2020年春节假期小型客车免费通行时段的通知》(交公路明电〔2020〕29号)、《关于延长2020年春节假期收费公路免收小型客车通行费时段的通知》(交公路明电〔2020〕38号),先后两次延长春节小型客车免收通行费至2月8日24时。自1月24日(除夕)至2月8日(正月十五),全国收费公路累计免收小型客车通行费共计62.37亿元,开通"绿色通道"达11906万条,累计通行应急运输车辆近20万辆次,为防疫初期应急物资、人员运输及农民工返岗复工提供了重大保障。

随着新冠肺炎疫情防控形势的愈发严峻,为贯彻李克强总理2月14日赴北京西站考察时有关"抓紧出台暂时免除包括小型客车在内的客车、货车等所有车辆收费公路全部通行费的政策"的指示,交通运输部于2月15日印发了《关于新冠肺炎疫情防控期间免收收费公路车辆通行费的通知》(交公路明电〔2020〕62号),决定自2月17日0时起至疫情防控结束,免收依法通行收费公路所有车辆的通行费。受到免费通行政策利好及农民工返岗复工需求增加影响,自2月17日起高速公路流量逐步企稳恢复,至2月20日已达到1359.38万辆次,恢复到同期的六成左右。收费公路全面免费通行政策效应初步显现,为保障疫情期间防控与生产生活物资运输,支持企业复工复产与农民工返岗,稳定经济社会大局提供了强有力的支撑。

为切实加强新冠肺炎疫情联防联控,助力企事业复工复产,最大限度释放免收车辆通行费政策红利,交通运输部于2月19日印发了《关于免收收费公路车辆通行费期间加强高速公路运行和服务工作的通知》(交公路明电〔2020〕67号),全面部署防止和纠正"一放了之""一免了之"等情形,继续保障"绿色通道"畅通和应急运输车辆优先通行;加强高速公路入口称重检测,禁止违法超限超载车辆驶入高速公路,真正实现了"免费不免责""免费不免服务"。随着免费通行政策的实施,有力促进了路网交通流量特别是货运车辆的快速恢复,公路运输撑起了复工复产的"半边天"。

(四) 强化收费站、服务区等疫情防控工作

为实现全国公路交通系统在保障疫情防控和复工复产工作中"零"感染的目标,保障驾乘人员和收费站、服务区相关工作人员生命安全及身体健康,指导提高站区疫情防护能力,交通运输部印发了《关于做好公路收费站疫情防控工作的通知》(交肺炎防控(综合)明电〔2020〕21号)、《关于进一步做好高速公路服务区疫情防控及保通保畅保运输工作的通知》(交公路明电〔2020〕89号),提出实行收费站、服务区工作人员体温检测全覆盖,及时配发相关防护用品并建立健康台账,减少交叉感染;加强工作期间的安全

防护,有条件的收费站、服务区配备设置留观室和隔离区;所有收费站工作人员进入收费广场时,均佩戴口罩和一次性手套,对回收的票、款、卡进行消毒处理,并将废弃口罩统一回收,避免二次使用;按照专人每日定时对收费站、服务区的办公场所、宿舍楼及厨房等区域定时消毒,做到了每日通风换气,营造了干净卫生的站区环境。

此外,为推广先进地区防疫工作经验,交通运输部于2月18日印发了《关于转发江西省交通运输厅疫情防控期间路网保通保畅运行工作情况的通知》(交公路明电〔2020〕65号),指导各地结合本地区防控实际,在地方党委、政府及疫情防控机制统一领导下,实事求是做好科学防治、精准施策、分区分级防控,对纠正防疫措施"一刀切"、杜绝"层层加码",统筹做好疫情防控、保通保畅及复工复产等工作起到良好效果。

第八章 公路突发事件应急管理工作情况

一、公路突发事件应急预案管理

2020年,各省级交通运输主管部门积极按照部《公路交通突发事件应急预案》(交应急发〔2017〕135号)修订相关本省公路应急预案,结合实际制订了防汛、低温雨雪冰冻灾害、安全生产事故等专项应急预案和公路桥梁、隧道突发事件专项应急预案,以及现场处置方案和操作手册等,形成了层次分明的公路交通突发事件应急预案体系。高速公路、普通国省干线公路依托路政、养护、应急保畅人员组建了专兼结合的应急救援队伍,公路应急抢通力量逐渐专业化、正规化,基层公路应急保障能力不断提升。截至2020年底,部分省(区、市)公路应急救援队伍建设情况如表8-1所示。

部分省(区、市)应急救援队伍情况表　　　　表8-1

序号	省(区、市)	高速公路应急队伍	国省干线应急队伍
1	辽宁	16支	122支
2	吉林	—	11支
3	江苏	1923人	13支
4	浙江	142支	93支
5	河南	148支	328支
6	广西	122支	91支
7	江西	133支	
8	四川	458支	
9	贵州	164支	4000人
10	重庆	70支	55支
11	云南	239支	
12	福建	106支	155支
13	湖北	192支	96支
14	宁夏	18支	5支
15	新疆	319支	

2020年,地方各级公路管理部门按照《公路交通突发事件应急预案》(交应急发〔2017〕135号)要求,累计开展各类公路应急演练1500余场,重点探索了模块化桥、无人机航拍、救援机器人等新型应急装备的实战应用。部分省(区、市)应急演练工作开展情况如表8-2所示。

部分省(区、市)应急演练工作开展情况表　　　　表8-2

序号	省(区、市)	高速公路演练次数	普通公路演练次数
1	辽宁	—	95
2	江苏	16	
3	浙江	105	
4	福建	—	23
5	河南		125
6	江西	22	—
7	广西	—	94
8	湖北	—	70
9	湖南	13	—
10	宁夏	8	—
11	新疆	318	

二、公路应急物资储备及装备使用

2020年,在国家区域性公路交通应急装备物资储备中心示范建设的引领下,地方各级交通运输主管部门会同发展改革等部门编制公路应急储备体系规划,强化应急保障能力建设,已基本形成国家、省、市三级公路交通应急储备保障体系。各省(区、市)按照辖区公路突发事件的特点储备了除雪、防汛、清障、机械化桥和抢修抢通等机械装备,以及融雪剂、防滑料、沙袋等应急物资。无人机、应急通信车、模块化桥、大功率航空发动机吹雪车等高科技应急装备的使用,大大提升了公路交通突发事件应急处置效率。

截至2020年底,黑龙江(北安)、吉林(长春)、河南(郑州)、浙江(杭州)、甘肃(兰州)、云南(昆明)、四川(眉山)、西藏(拉萨、昌都)、青海(海南藏族自治州)等9个省(区、市)和新疆生产建设兵团共11处储备中心已基本建成并投入使用;广东(清远)、湖南(娄底)、陕西(榆林)、新疆(昌吉、叶城)、河北(石家庄)、山东(临沂)等省(区、市)储备中心也正在开展建设工作(表8-3)。国家公路应急储备中心的建成投入使用,有效提升了应对重特大公路交通突发事件的能力。2020年9月,在京昆高速公路雅安段姚河坝大桥抢通工作中,四川眉山中心储备的大型汽车起重机、无人驾驶步履式挖掘机等装备,在抢通工作中发挥了重要作用。

国家级区域性公路应急装备物资储备中心建设情况　　　表8-3

序号	省(区、市)	选址位置	前期	在建	建成
1	河北	石家庄		●	
2	吉林	长春			●
3	黑龙江	北安			●
4	浙江	杭州			●
5	山东	临沂		●	
6	河南	郑州			●
7	湖南	娄底		●	
8	广东	清远		●	
9	四川	眉山			●
10	云南	昆明			●
11	西藏	拉萨			●
		昌都			●
		那曲	●		
		阿里	●		
12	陕西	西安		●	
13	甘肃	兰州			●
14	青海	海南藏族自治州			●
15	新疆	昌吉、叶城		●	
16	新疆生产建设兵团				●

三、重大公路交通突发事件应急处置

1. 四川境内丹巴县多条干线公路受损

2020年6月17日凌晨3点20分,四川省丹巴县半扇门镇梅龙沟突发山洪泥石流,阻断小金川河,形成堰塞湖,造成丹巴县境内G350线、S217线、G248线等多条国省干线公路受损断道。其中,G350线受灾最为严重、灾毁路段最长。G350线半扇门镇梅龙沟突发泥石流约23万立方米,引发梅龙沟口小金川河对岸烂水湾山体滑坡,导致K1095+000~K1101+200段约6.2公里路基路面全毁、局部路基损毁约7公里;岳水坪大桥丹巴岸锥坡冲毁严重,边坡垮塌6处,涵洞冲毁22个,安保设施损毁5800米,并有6处高边坡存在垮塌隐患。灾情发生后,交通运输部高度重视,立即指导四川省交通运输厅、公路局组成工作组赴灾害现场指导抢险救灾工作,会同有关部门研究确定G350抢通工作方案。截至 6 月 27 日,累计投入抢险人员 191 名、各类机具 96 台。S217 于 6 月 22 日 8 时恢复交通;G248 于 6 月 17 日 20 时恢复交通,并保持顺畅通行。

2. G5 京昆高速公路四川雅西段高位塌方

2020 年,9 月 20 日 12 时 20 分,四川省境内 G5 京昆高速公路四川雅西段姚河坝桥处发生高位塌方,落石导致成都至西昌方向 K2084 处姚河坝桥(2 跨预应钢筋混凝土 T 梁桥)断落,雅西高速公路双向交通中断,桥下 G108 国道也随之中断。灾情发生后,交通运输部高度重视,立即指导四川省交通运输厅、公路局组成工作组赴灾害现场指导抢险救灾工作,对垮塌山体进行巡查,确定抢险方案,并制订分流绕行路线;协调国家区域性公路交通应急装备物资储备中心(四川眉山)出动应急装备,参与现场处置工作。截至 9 月 26 日 16 时,经抢通便道,塌方路段实现小型客车单幅双向通行;至 12 月 24 日姚河坝特大桥恢复重建工程通过交工验收,12 月 25 日 8 时恢复通车运行。

第九章 公路出行服务与联网收费工作情况

一、公路出行信息发布

2020年,交通运输部路网监测与应急处置中心组织开展了年度公路出行信息服务产品效果评价工作,对31省(区、市)121家公路交通出行信息服务机构的微博、微信、客户端、服务电话、ETC客户端、新媒体直播等服务产品进行评价。其中,山东、天津、陕西、甘肃、四川五省(市)的公路交通微博,福建、云南、江西、江苏、河南五省的公路交通微信公众号,山东、辽宁、甘肃、云南、广东五省的公路交通客户端,山东、河北、辽宁、江苏、福建五省的公路交通路况服务电话,北京、广东、山东、江苏、贵州五省(区、市)的公路交通ETC客户端,甘肃、辽宁、广东、山东、天津五省(市)的公路交通新媒体直播等服务内容丰富,形式多样,品牌运营及服务效果较好。

(一)"两微一端一话"出行信息

2020年,交通运输部路网监测与应急处置中心负责的"中国路网"融媒体矩阵,合计通过微博、微信、客户端等渠道直接服务用户超过2250万,发布微博5262条,微信推文607篇,录播、直播视频186期,播放量达3300万次,创新出行信息服务内容,创建公路旅游、出行安全、公路简史等话题,组织制作《中国公路简史》系列原创推文及科普短片21期,单条视频平均播放量约100万次。

截至2020年底,全国各省(区、市)开通具有公路出行信息服务功能(含ETC业务)的微博43个,微信账号80个,移动客户端30个;共计开通客服电话号码74个(含ETC客服及12328电话),部分省(区、市)的12328与12122客服电话实现并线或统一受理。其中,按照号码资源分类,12328号码31个,12122号码11个,96字头号码18个,其他号码13个。在开通的12122号码中,开设在高速公路管理部门号码9个,开设在高速公路运营单位号码2个。近四年公路出行信息服务"两微一端"情况如图9-1所示。

图 9-1 2017—2020 年公路出行信息服务"两微一端"数量变化情况

(二) 中国交通广播出行信息

截至 2020 年底,由交通运输部和中央人民广播电台联合打造的中国交通广播已完成了北京(FM99.6)、天津(FM99.6)、河北(FM101.2)、上海(FM95.5)、湖南(FM90.5)等 5 大区域和太原、呼和浩特、长春、哈尔滨、无锡、南通、杭州、济南、郑州、武汉、南宁、成都、贵阳、昆明、西安、兰州、银川、乌鲁木齐等 18 个重点城市的组网覆盖,较 2019 年组网覆盖城市增加 11 个。通过电波可以服务超过全国三分之二省(区、市)的公众出行,覆盖范围进一步扩大,服务品质不断提升。

(三) 中国公路出行信息服务联盟情况

截至 2020 年底,由交通运输部路网监测与应急处置中心发起成立的"中国公路出行信息服务联盟"(以下简称"联盟")共有 63 家成员单位。主要成员包括:国家邮政局邮政业安全中心、中国气象局公共气象服务中心、交通运输部管理干部学院、北京市交通运行监测调度中心、天津市高速公路路网信息服务中心等 27 家相关领域事业单位,河北交投智能交通技术有限责任公司、江苏高速公路联网营运管理有限公司、福建省高速公路有限公司、山东高速股份有限公司等 24 家高速公路运营企业,北京理工大学、长安大学 2 家公路交通领域高等院校,亚信科技(中国)有限公司、北京掌行通信息技术有限公司、江苏金晓电子信息股份有限公司等 10 家科技类民营企业。自联盟成立以来,积极推动公路出行信息服务提质增效,多次组织集中研讨,开展公路交通出行信息采集、发布等相关技术研究,为公众出行提供了真实、可靠、高效的出行信息服务。

二、高速公路服务区

2020年,交通运输部公路局组织开发"全国公路服务区信息统计平台",信息涵盖服务区基础设施建设和运营服务情况。其中,基础信息共25大项102小项,主要包括:服务区名称、所在路线、经纬度、停车场、公共卫生间、餐饮商超、能源补给等;动态信息共15大项86小项,主要包括:服务区车流量、服务区设施开关闭状态、剩余停车位数、能源补给实时价格等。疫情发生后,交通运输部路网监测与应急处置中心组织开发并上线了"高速应急服务""畅通快报"等小程序,每日汇总并动态发布高速公路服务区(停车区)开关闭状态、充电桩使用情况等运营情况信息。

截至2020年底,全国共有在建及建成公路服务区(停车区)9619座。其中,高速公路服务区(停车区)6751座,普通国省干线服务区(停车区)2868座。为进一步提高公众出行体验,全国共建设、改造公路服务区公共卫生间945座。其中,建设、改造高速公路服务区公共卫生间360座;建设、改造普通公路服务区公共卫生间585座。

三、高速公路联网收费

取消省界收费站后,高速公路全面实施入口称重检测,禁止违法超限超载车辆进入高速公路,从源头上遏制了超限超载安全风险,保障了驾乘人员合法权益和生命安全,高速公路货车违法超限超载率由2019年的3.7%下降至0.25%左右。自2020年5月6日恢复收费以来,全国高速公路联网收费系统运行稳定,路网交通量持续增长,社会公众对取消收费站成果给予了充分肯定。据中国物流与采购联合会发布的《2020年物流与供应链企业复工达产营商环境调查报告》调查数据显示,86.7%的物流企业认为高速公路通行环境大幅好转。

截至2020年底,全网ETC平均使用率达到67.38%,其中,客车ETC使用率突破70%;货车ETC使用率由5月6日的25.9%提高到53.2%。通过不停车快捷收费方式,减少了车辆低速和怠速行驶过程,降低了车辆污染排放。据初步测算,因取消省界收费站和ETC不停车快捷收费,2020年5月与6月共计节省燃油4.6万吨,减少CO、CO_2排放2.9吨。同时,通过对ETC车辆实施"两统一"普惠政策(统一对ETC车辆给予不少于5%的通行费基本优惠政策,统一对ETC车辆实现无差别基本优惠政策),以及调整计费取整规则[ETC车辆按分计费,MTC(公路半自动车道收费系统)车辆按元计费],约有650多万车户从中受益,全年货车通行费总体下降8%左右。

2020年，全国ETC客服平均接通率达到98.95%，投诉处理及时率和结案率均达到100%；全网ETC客户日均投诉量从2020年5月初的3000多笔持续降低并维持在600笔左右，仅占日均交通量的十万分之一点九，舆情总体保持平稳。通过推行通行费电子发票汇总单措施、开发"中国ETC"等小程序，方便ETC线上办理与查询，有效解决了公众一次出行多张发票的烦恼，实现了"一次行程、一个账单、一次扣费、一次告知"的目标。全国9263个收费站、68604条收费车道全面实现通行费金额实时显示，30个省（区、市）为公众提供了小程序、App或微信公众号等通行费查询服务功能，417家合作银行按照统一模板规范发送扣费短信。

第十章 公路网运行监测设施及系统建设情况

一、公路视频监测设施及云联网建设

(一) 全国公路视频监测设施

截至 2020 年底,公路(含收费站、服务区等)视频监测设施规模已达到 28.49 万套。其中,高速公路 26.89 万套,数字高清化占比达 90% 以上,平均布设密度达 2 公里/套;普通公路 1.59 万套,平均布设密度为 80 公里/套。与 2019 年相比,部分省(区、市)高速公路视频监测设施数量有所增加,其中,北京增加 1698 套,上海增加 853 套,江苏增加 4242 套,浙江增加 4469 套,山东增加 4265 套,广东增加 2677 套,河南增加 2435 套,陕西增加 2143 套。

总体看,视频监测设施布设密度差异仍较大。高速公路已实现全程视频监控的省(区、市)包括:北京(1959 套)、天津(2814 套)、河北(10624 套)、上海(1252 套)、江苏(5868 套)、山东(7117 套)、浙江(4745 套)、河南(6445 套)、安徽(4249 套)、江西(5360)、四川(6845 套);布设密度在 5 公里/套以内的省(区、市)包括:黑龙江(2850 套)、甘肃(3109 套)、福建(3195 套)、重庆(1805)、辽宁(2069 套)、贵州(3627 套)、广东(4207 套)。部分地区视频监测设施布设情况如图 10-1、图 10-2 所示。

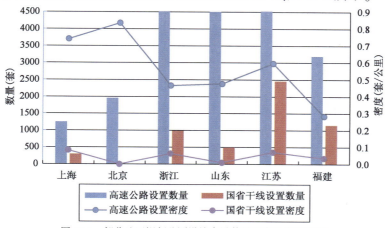

图 10-1 部分地区视频监测设施布设数量和布设密度情况

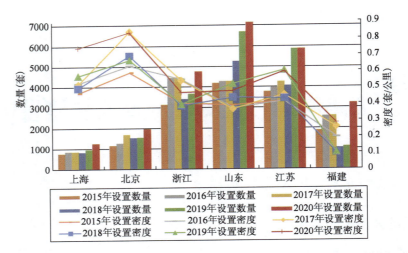

图 10-2　2014—2020 年部分地区高速公路视频监测设施布设数量和布设密度情况

(二) 高速公路视频云联网建设

截至 2020 年底,全国累计完成 9.2 万路视频上云(部平台),北京、辽宁、吉林、黑龙江、上海、江苏、浙江、福建、江西、山东、河南、湖北、湖南、广东、广西、重庆、四川、贵州、云南、陕西、甘肃、青海、宁夏、新疆等建成省级视频云平台并实现视频上云,天津、河北、山西、内蒙古以路段接入方式完成 G1～G7 首都放射线的视频上云。大部分省(区、市)尚未实现普通公路视频上云。

二、公路交通量监测设施建设

截至 2020 年底,高速公路交通量监测设施总规模约 2.04 万套,平均布设密度约 10 公里/套;普通国省干线公路交通量监测设施总规模约 1.06 万余套。与 2019 年相比,部分省(区、市)交通量监测设施数量有所增加,其中,山西增加 650 套,河南增加 475 套,四川增加 397 套,浙江增加 144 套;北京减少 55 套,上海减少 161 套,江苏减少 138 套,陕西减少 185 套,湖北减少 213 套,河北减少 70 套。

总体看,公路交通量监测设施规模与密度差异化仍较大。高速公路中,上海平均布设密度最高,接近 1 公里/套;北京、浙江、贵州、甘肃、福建、山西、四川、重庆、河南约为 5～10 公里/套;河北、天津、天津、安徽、辽宁、新疆为 10～20 公里/套,其余省(区、市)均为 20 公里/套以上。普通国省干线公路中,上海、北京平均布设密度最高,为 10 公里/套;江苏约为 20 公里/套;天津、浙江约为 30 公里/套,其余省(区、市)在 50 公里/套以上。部分地区交通量监测设施情况如图 10-3、图 10-4 所示。

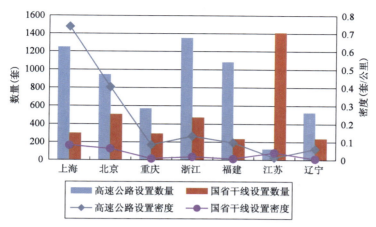

图 10-3　部分地区交通量监测设施布设数量和布设密度情况

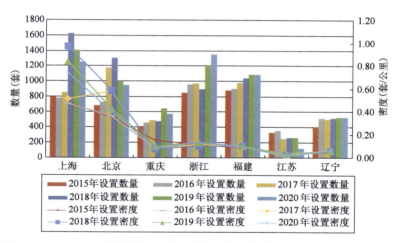

图 10-4　2015—2020 年部分地区高速公路交通量监测设施布设数量和布设密度情况

三、公路气象监测设施建设

公路交通气象监测设施按照观测内容的不同,分为单要素(如能见度、路面、气象环境)和多要素(观测两项以上)自动气象观测站两类。截至 2020 年底,公路气象监测设施总规模为 4400 余套,其中,高速公路气象监测设施总规模约 4000 余套,普通公路气象监测设施总规模约 400 余套。与 2019 年相比,部分省(区、市)高速公路沿线气象监测设施数量有所增加。其中,河北增加 120 套,山西增加 23 套,浙江增加 11 套,山东增加 20 套,四川增加 90 套。2015—2020 年部分地区高速公路气象环境监测设施布设情况如图 10-5 所示。

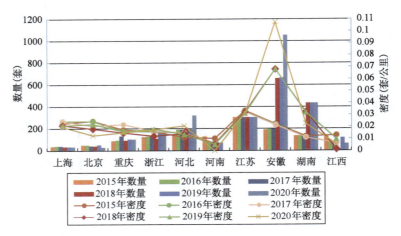

图 10-5　2015—2020 年部分地区高速公路气象监测设施布设数量和布设密度情况

从公路气象监测设施布设密度情况看,2020 年,安徽省高速公路气象设施密度较高,达 10 公里/套,江苏布设密度为 30 公里/套,湖南、河北、上海、浙江布设密度为 50 公里/套,四川、青海、重庆、湖北、北京、贵州、天津、吉林为 50～100 公里/套,其余省(区、市)布设密度均在 100 公里/套以上。

四、公路移动监测设施配置

截至 2020 年底,全国公路配备无人机 1145 架,应急通信车 160 台,移动巡查车 6944 台,详见附录 C。公路移动监测设施在一定程度上扩大了监测的覆盖范围,弥补了固定监测设施的不足。

第十一章 地方公路网运行管理与服务工作亮点

一、路网疏堵保畅

1. 北京市, 收费公路管理单位对拥堵严重的收费站进行现场调研,分析拥堵站点原因,对能够短期解决的收费站点进行快速整改。通过调整 ETC 专用车道与 MTC 混合车道位置,高峰期间保障开道率 100%,增加复式收费、安排专人疏导站区车辆通行秩序、利用站区附近可变信息标志及时向公众发布道路信息。对短期内不能完成整改的站点制订了"一站一策"治理方案,从收费站区改造、收费车道改造、交通综合治理及收费站区渠化等四方面开展治理工作。通过开展相关治理工作,2020 年北京市收费站从拥堵最多的 5 月 204 次、392 小时,下降到 12 月 69 次、101 小时。

2. 山西省, 从 2020 年 5 月 6 日高速公路恢复收费起,每天对高速公路收费站出入口拥堵的开始时间、结束时间、拥堵位置、持续时长、严重程度、拥堵原因进行监测;每周、月对全省收费站拥堵次数、拥堵总时长、拥堵平均时长进行统计排名,按常态化拥堵、高峰期拥堵、短时集中拥堵等分类通报收费站并进行调整和治理。经排查治理后,2020 年 12 月,全省收费站拥堵 28 次,较 5 月降低 91.81%,拥堵平均时长 139.04 分钟,较 5 月降低 62.87%。

3. 江苏省, 全省实施交通大流量分级管控、中重型货车靠右行驶、黄牌货车错峰限行、联网高速全程测速等路网管控策略,实现分级管控更加精准、远程诱导更加均衡、智慧调度更加高效、安全管控更加严密。重大节假日期间,在高速路网主要路段设置了 25 个轻微事故临时快速处理点,轻微事故处置速度和效率明显提高,科学设置"三车备勤点",即交警、路政、排障"三车联动",确保救援车辆及时到达事故现场,真正做到了"四快":发现快、调度快、到场快、撤除快。2020 年,高速公路共实施清障作业 173480 起;出动各类清排障车辆以及专用设备 180457 次,平均到达施救现场时间为 15.47 分钟。施救现场平均疏通时间为 29.59 分钟。高速公路通过调度云平台,开展拥堵预测预警与智能仿真推演应用,强化事件事故的主动发现、精准定位与科学处置能力。调度云平台连通高速公路 55 个调度中心、81 个高速公路交警大队、53 个交通执法大队,实现全网实时监测、动态预警和智能决策,双节期间平台累计发出预警信息 3.07 万次,实时拥堵监测准确性达 87%,有力支撑了分级管控策略精准高效实施。

4. 浙江省,2020 年 8 月,开启全省高速公路重点收费站专项治理工作,全面摸底重点收费站的 OD 分布与构成、车道和广场等硬件基础、管理及政策等软环境、衔接路网和交通管控策略等内容。印发《关于开展全省高速公路收费站疏堵保畅工作的通知》,系统化、清单化地明确全省首批 14 个高速公路收费站交通疏堵"一站一策"和责任主体。专项治理期间,全省高速公路自然交通量在 5 个月内由 224 万辆快速攀升至 231 万辆,在收费站通行压力持续增大的实际需求下,聚焦问题、系统谋划、多级联动,全省收费站拥堵情况呈现"三降"的典型特征,即通报收费站数量降低、通报拥堵次数降低、通报拥堵时长降低。高速公路拥堵收费站数量,由 2020 年 11 月整改前的 116 个下降至 2021 年 1 月整改后的 63 个,降幅达 45.6%,通报收费站占全省收费站的比例由 23.5% 降至 12.8%。全省被部通报的拥堵总次数由整改前的 587 次下降至 235 次,降幅达 60%。重点监测 14 个收费站拥堵通报总次数由 359 次下降至 112 次,降幅达 66%,占全省通报总次数的比例由 61.2% 下降至 47.7%,重点监测收费站被通报次数下降明显。全省被部通报拥堵总时长由整改前的 5257 分钟(87.6 小时)下降至 3296 分钟(54.9 小时),降幅为 37.3%,为全省高速公路在途时间节省了 1960 分钟(32.7 小时)。重点监测收费站方面,14 个收费站拥堵总时长由整改前的 3590 分钟降至 1783 分钟,下降了 50.3%,占全省拥堵总时长的比例由 68.3% 下降至 54.1%,重点收费站拥堵时长降幅明显。

5. 江西省,通过智慧高速公共服务平台,对全省高速公路道路气象情况及拥堵情况进行监测预警,实现对全省收费站拥堵时长、拥堵里程的监测预警。加强对交通流量、车流迁徙、出行城市分布、易拥堵路段、收费站、服务区的数据分析和处理;对高速公路节假日和重要时段交通流量进行预测和研判分析,将全省路段、收费及省界的交通量以及交通事故发生的时间、地点信息等数据进行全面的分析处理,形成详细的分析报告,为路网运行管理和决策提供了有效的支撑。建设高效信息发布平台和完善的信息发布体系,有效解决信息发布层级繁多、效率低下的问题。通过微信公众号路况简图实时为公众提供准确的路况信息,引导驾乘用户避开封闭收费站及拥堵路段。

6. 河南省,高速公路路警联合指挥中心充分利用 1.6 万套路段联网视频监控设备、491 套视频卡口设备,对全省高速公路进行实时监测,通过安装高速公路收费站"畅行通"App,保持 24 小时在线,实现对高速公路收费站出入口拥堵的快速响应和处置。完善全省干线公路监测应急调度网络设施建设,建成视频监测终端 928 路(含治超站 147

路),气象监测设施15套、交通流调查设备396套、桥梁健康监测设施6套、边坡位移监测设施10套,以及无人机19架、可变信息标志46个、养护巡查终端50台等。构建大屏、触摸屏、PC端、移动端构成的"星云平台",形成大、中、小、微四屏联动的业务监测和信息管理体系,可实现"部、省、市、车、点"五级联动。将全省高速公路收费站划分为"经常性拥堵收费站、阶段性拥堵收费站、确需新建收费站、通行状况良好收费站"四大类,针对不同地区、不同收费站通行状况,分区域、分类别,采取一站一策、分类实施,重点解决车辆"上不去、下不来"的问题。

7. 湖南省,持续完善"一路多方"工作机制,按照"统一指挥、协调联动、各司其责、确保通畅"的原则,高速公路交警、高速公路经营管理单位、市州公安交警、公路管理部门在重大节假日及春运交通高峰期间,以及交通饱和度高、易发交通拥堵的京港澳、沪昆、长常三条主干高速公路,采取健全联勤联动机制、交通诱导远程削流、加强公路运营服务、合理调控应急分流等综合交通管理措施,实现"两个减少、两个确保"的工作目标,即:交通饱和路段的交通拥堵发生率减少20%,车辆区间通行耗时减少20%;确保不发生长距离、长时间的交通拥堵,确保不发生重特大交通事故。

8. 广东省,按照"一堵点一方案"定期梳理、更新易堵点,进行重点研判、强化措施应对。推进拥堵区域协同治理,制订"区域—路段—节点"方案,划定六个重点区域协同治理,全年合计联动450次。在收费站保畅方面,加派人手、开足车道,提前做好便携式机、CPC卡、纸券、绿通查询终端等收费设备准备工作。在服务区保畅方面,增设警示渠化装置,引导车流靠右通行;联合交警强化管控,适时间断放车;具备条件的服务区,实施潮汐式交通疏导。

9. 四川省,组织高速公路收费站安装、使用"畅行通"App软件,构建部、省、收费站三级保通保畅调度指挥机制,在收费站发生拥堵时快速进行指挥调度,便于收费站与收费站之间沟通交流。重大节假日期间对重点路段加强监测,与公安交警共享信息,联合开展疏堵保畅工作;强化高速公路"一路四方"协调联动,全面梳理雨雾冰雪频发、事故多发、拥堵频发路段和长大桥隧、长大纵坡、公铁交汇等路段风险点,落实日常巡查、监测预警、风险防控和应急处置等措施,切实加强风险管控和隐患治理,动态调整并定期更新风险路段"一路一图"、路段隐患"一路一表"。

10. 贵州省,通过公路信息化"一张网",对全省接入的24000多路高速公路视频、165路国省干线公路视频进行实时监控,重点路段24小时监测,多措并举确保路网运行通畅。加大"贵州省公路水路应急处置指挥平台"开发与运用,提升危险路段、事故多发路段流量监测力度,必要时开展多部门音视频实时联合会商。在节假日和重要节点时段充分借助路网监测系统,对易拥堵路段实施全天候、全要素监测,及时根据流量流向、通行变化、天气状况进行指挥调度,部署调整管控措施,提升路网整体通行能力。充分发挥"一路三方"联勤联动机制,对大流量路段、城市重要出入口、重要旅游线路排查确认,提前制订拥堵路段、收费站防拥堵预案,合理设置救援站点,加强应急力量和执法力量配备,安排人员和装备驻点值守,确保快速应对。

二、路网疫情防控

1. 内蒙古自治区,配合盟市地方政府、卫健等部门管控高速公路收费站113个,在高速公路、国省干线设置检疫点321个,全区交通运输系统累计投入干部职工38万余人,日均查验车辆约14万辆、乘客20余万人次。协调解决11个盟市境内运输受阻问题60余件,涉及企业12家,协调相邻省(区、市)公路出入不畅问题12件,共接听群众有效来电2300余个,办结率100%。组建14支应急保障车队,包含客运车辆、冷链车辆、载货汽车和危险品运输车辆等共计1127辆和1400名应急保障驾驶员,累计保障应急物资、人员运输4966批次。在交通运输部召开的抗击新冠肺炎疫情表彰大会上,内蒙古自治区疫情防控指挥部交通保障组荣获"全国交通运输系统抗击新冠肺炎疫情先进集体"。

2. 湖北省,成立新冠肺炎疫情公路应急领导小组,统一指挥、领导、协调全省公路疫情防控工作,主要领导任组长担主责、负首责。组织全省公路部门认真履行"党政同责、一岗双责",扣紧安全链条每一环,形成安全应急工作齐抓共管的良好局面。根据疫情工作需要,多次派工作组深入服务区、客运站、客渡船等高密度人群聚集场所督促公路生产经营单位落实疫情防控主体责任。组织各级公路部门加强对公路系统人员,特别是一线收费管理人员、养护作业人员的教育培训,密切关注公路系统一线工作人员的健康状况,采取针对性措施确保从业人员健康上岗,督促做好个人防护。按照部疫情防控指南要求,落实相关防控措施,切实加强机关、公共场所、施工工地、基层站所的卫生管理、消毒、体温检测和疫情防控工作,有效预防各类疾病发生与传播,同时积极协助社区防疫活动,做好联防联控。全年累计对全省278条国省道、高速公路(共有284条)实行管制;在高速公路服务区设置体温检测点251个,收费站设置防疫检查点353个;累计检疫测温人数1169万余人次,检疫消毒车辆551万余台次,有力保障疫情防控,阻断疫情传播。

3. 湖南省,第一时间建立联防联控机制,干部迅速返岗守阵地、防疫情、保畅通。快速编发《湖南省高速公路新冠肺炎防控指南》,指导一线疫情防控。督促落实"一断三不断""三不一优先"政策,保障防疫应急运输车辆快速优先通行。严密监测、动态掌握运营一线防疫情况,编发简报68期。连续88天,坚持"一天一报",紧急状态"一天四报",实现防疫数据报送"零差错"。强化技术保障,组建专班研发"车辆快速查"H5小程序,对高速公路入湘车辆实行精准监测和防控,得到各级高度赞扬。

4. 广西壮族自治区, 充分利用科技手段助力疫情防控,积极协调试点上线疫情防控检测点导航语音服务,当车辆驶近检测点时,引导驾乘人员提前戴上口罩、打开车窗、配合检查,以便车辆安全、快速通过疫情防控检测点,大大提升了疫情防控检测点的检查效率,避免造成交通拥堵。统筹推进疫情防控和行业复工复产,先后设置和撤销1091个公路检疫点,开通绿色通道522个,受理办结《应急运输通行证》289起,上线"交通建设工程项目复工管理平台",指导企业通过"一站式"包车客运模式提升返工率。加强疫情防控培训,提升从业人员疫情防控和应急处置能力,多渠道筹措防疫物资并向生产一线职工发放,确保一线职工生产作业的疫情防控物资充足。

5. 贵州省, 1月25日启动全省交通运输系统疫情Ⅰ级应急响应,上万名交通职工坚守一线投身疫情防控阻击战,"科学防控、分类施策、分区分级"推进防疫保通各项工作,实现了"八个率先"的工作亮点。即:率先制订行业疫情防控应急预案,率先设立公路交通检疫点并明确操作规范,率先推行定点医院运输车辆免费通行,率先撤除不必要卡点实现内通外联,率先推进交通建设项目复工复产,率先恢复省际班线和农民工返岗定点包车,率先开展关口前移防控境外疫情输入,率先推进疫情期间交通扶贫工作,为全省疫情防控和复工复产提供了强有力的交通运输保障。

三、公路应急处置

1. 天津市, 健全应急预案编修和演练制度化、常态化工作机制,印发《2020年应急预案编修及演练工作安排》,修订完成《天津市交通运输委员会防汛预案》,积极推进《天津市道路桥梁突发事件应急预案》修订,组织开展道路桥梁突发事件应急演练。加强京津冀应急联动,会同北京、河北举办京津冀交通应急联动合作第五次联席会议暨2020京津冀相邻区域防汛应急联动处置演练,组织开展京津冀相邻区域应急资源基本情况统计工作。

2. 内蒙古自治区, 修订《内蒙古自治区公路交通突发事件应急预案》《内蒙古自治区运营公路安全事故应急预案》《内蒙古自治区公路水路自然灾害应急预案》,从适用范围、组织体系、应急保障等方面完善相关内容。在呼伦贝尔市国道301线呼和诺尔桥处开展了全区公路桥梁水毁应急抢险演练,充分检验了相关应急预案的科学性和可操作性,展示了公路交通应急响应和处置能力。

3. 吉林省,以夏季防汛抢险、冬季除雪防滑、安全隐患排查整治和重点时段公路保障为重点,扎实开展普通公路夏秋百日攻坚、冬春安全整治等专项行动,实现全年行业安全形势持续稳定。制定《吉林省干线公路应急保通工作指导意见(试行)》《吉林省干线公路交通阻断信息报送实施细则(试行)》《吉林省路网运行信息报送管理办法(试行)》,进一步提升指挥调度、队伍集结、应急处置等救援保障能力。联合交警部门,制订应急保通技术方案、应急保通分流方案及通行公告,完成国道京抚公路(G102)拉林河至长春段保通任务,确保应急保通工程质量。

4. 黑龙江省,编制公路交通总体应急预案及14项子预案,形成省、市、县三级预案体系,组织开展各类应急演练共33次,包括高速公路发生交通事故致使客车乘客被困的综合应急救援演练。加强与黑龙江省气象服务中心合作,对全省28条主要干线公路天气预报,通过邮箱、传真、短信和微信等形式及时地发送给相关部门。冬季按照"以雪为令,即下即清"的工作原则,高标准、高质量开展除雪防滑保通保畅各项工作,保证以最快速度恢复道路畅通。全年累计抗击风雪46场次,累计出动清雪人员1.7万人次,投入除雪机械设备1.2台班,使用防滑料10615立方米,融雪剂3449吨,养护除雪专项支出3052.66万元。

5. 安徽省,全年认真做好防汛救灾工作,全省累计出动防汛队伍145支、6000余人次,投入资金近1亿元,及时修复道路水毁290处,快速处置巢黄高速公路纵向开裂沉降等突发险情,有力保障了防汛救灾通道安全畅通。其中,马鞍山养护中心员工坚守长江中心的太白岛收费站30多天,保障了2万多名受灾群众安全撤离。

6. 福建省,组织全省防抗台风及公路交通突发事件应对处置桌面演练,对指挥体系运转、台风防御流程、抢险队伍联调联动等事项展开了桌面推演。指导漳州、三明、南平、龙岩、宁德按要求与相邻省份(浙江、广东、江西)建立省际协调联动应急处置机制。通过福建交通应急App完成公路灾毁事前、事中、事后全流程把控,实现每2小时更新国省干线及农村公路阻断及恢复情况,统计精确到每个受灾点段具体阻断情况、水毁类型与受损程度。

7. 江西省,修订《江西省普通国省道突发事件应急总体预案》《江西省公路管理局防汛抢险应急预案》《江西省公路管理局公路交通事故应急预案》和《江西省公路管理局自然灾害救助应急预案》,形成较为完备的应急预案体系。完善高速公路综合应急预案32个,专项应急预案81个,现场处置预案116个,高速公路长大桥隧应急预案均做到"一桥一隧一预案",完善以应急法规、制度为统领,工作规范为保障的应急管理制度体系。高速公路运营管理单位共开展应急演练22次,参与人员1250人;联合安徽省开展一次跨省联合联勤联动应急演练,促进跨省应急联动工作。

8. 山东省,开展全省应急管理培训工作,积极推进应急信息平台建设工作。2020年8月,派员赴南京参加高速公路区域协作会议,沪、苏、浙、皖、鲁、豫、赣、闽七省一市代表出席会议,并签署《高速公路区域协作框架协议》,建立区域合作机制,提升了区域协作处置突发事件能力。

9. 湖北省,编制发布《湖北省普通公路桥梁突发事件应急预案》等5项应急预案,实现普通公路行业应急预案全覆盖;修订完善《湖北省高速公路行业突发事件应急预案》,新编5项高速公路专项预案,进一步规范指导突发事件应对工作。形成省、市、县三级公路交通应急基地网络体系,省级孝感公路交通应急物资储备库、十堰区域性物资储备库持续发挥作用,宜昌区域性物资储备中心正在建设中,规划的91个县区级养护应急中心已建设完成50个。编印高速公路百公里防汛物资机具基本配置建议表,量化了防汛物资机具基本配置要求,制订高速公路重点部位33类122项安全风险隐患巡查、排查内容。

10. 海南省,完成《海南省高速公路突发事件综合应急预案》等14项应急预案以及特长隧道、特大桥等5项专项应急预案;普通公路完成9项应急预案,涵盖防汛防风、地质灾害、公共卫生事件、内保消防、重特大安全事故、养护工程项目突发事件、重大节假日、博鳌亚洲论坛年会、环岛自行车赛、大件运输应急保障等。全省共建立了21个应急物资储备库,按省市两级(省级为一级、市县级为二级)公路应急物资储备管理模式进行设置,其中一级公路应急物资储备库3个,分别是:应急中心老城公路应急物资储备库、高管中心公路应急物资储备库、海南交控养护管理公司公路应急物资储备库;二级公路应急物资储备库18个,基本达到全省省养公路全覆盖要求。

11. 云南省,印发《云南省交通运输厅地震应急预案》《云南省交通运输厅气象灾害应急预案》《云南省交通运输厅突发公共事件综合应急预案》。按照"统一领导、综合协调、分类管理、分级负责、属地管理为主"的原则,建立了"省—市(州)—县(市、区)"三级应急管理机构。进一步完善突发事件与舆情信息报送、应急值守、应急征用补偿等工作机制,积极推进交通应急物资储备内部管理标准化体系建设,进一步提升抗震救灾应急保障能力。

12. 西藏自治区,制订汛期公路抢险保通应急预案、公路抢险保通应急预案等专项应急预案,并制订重要节点、重要会议期间专项应急预案。按照《西藏公路交通应急队伍组建方案》要求,公路交通应急队伍分为常备和预备队伍,其中,常备队伍由四个国家区域性公路交通应急装备物资储备中心应急人员组成,拉萨、昌都储备中心已配备应急人员,那曲和阿里储备中心待建成运行后从预备队伍中选拔。制订《西藏自治区公路交通应急队伍职责和人员管理办法(试行)》,配套出台《西藏公路交通应急装备物资管理办法(试行)》,完成阿里和那曲储备中心建设项目前置手续办理,完成11个基本符合条件的二级储备中心挂牌组建工作。

13. 甘肃省,制定《甘肃省公路系统应急信息管理办法》《公路一般及突发事件处置流程及信息报送规范》《公路地震泥石流、低温雨雪冰冻、水毁、交通事故应急处置操作指南》等办法,强化对各类应急事件的预判能力。突出隧道防灾减灾救灾工作重点,制定《甘肃省干线公路隧道隐患排查治理实施办法(试行)》和《甘肃省高速公路运营系统隧道安全运营指导意见》,建立完善"一隧一档"。针对高速公路运营安全风险大、发生安全事故影响大的特点,制定了《甘肃省高速公路运营系统安全生产风险管理办法(试行)》《甘肃省高速公路系统安全事故隐患排查治理办法(试行)》《高速公路系统加强重大风险管控遏制重特大生产安全事故实施方案》等各项制度,全面提高高速公路运营安全性。

14. 青海省,建立完善"一路三方"协调联动机制,制定印发《青海省高速公路"路警企"联勤联动会议制度(试行)》,组织召开2020年"路警企"联席会议,制定《"路警企"协调联动机制三年行动方案》。认真总结评估突发事件应急体系建设"十三五"规划有关落实情况,组织开展2020年青海公路交通自然灾害应急演练,进一步完善应急管理体系,初步形成"6个省政府部门应急预案+2项省厅应急管理工作制度"的项目成果。在认真总结新冠疫情防控处置工作的基础上,制定印发《青海省交通运输厅突发公共卫生事件应急预案》。在疫情联防联控期间,青海省公路路政执法总队出色完成各类应急保通工作任务,被交通运输部评为"全国交通运输系统抗击新冠肺炎疫情先进集体"。

15. 宁夏回族自治区,修订《宁夏公路管理中心战备物资储备管理办法》《宁夏公路管理中心公路养护机械设备管理规定》《宁夏公路管理中心废旧材料处置规定》《宁夏公路管理中心材料管理规定》等多项制度,提高应急储备库房管理工作规范性。完成普通国省道3个省级应急库房、3个市级应急储备库房的建设并投入使用,并建成5个由各分中心自行命名的应急储备库房,保障范围覆盖周边县乡。全年组织开展以防汛、消防、隧道交通事故为主题的高速公路突发事件应急演练8场,通过模拟水毁封路、隧道内追尾、危化品泄漏、收费车道和机房起火等不同情况下的突发事件,增强相关人员对应急处置流程的熟练程度,提高面对突发事件时的自救互救能力。

16. 新疆维吾尔自治区,先后制修订《自治区公路交通突发事件应急预案》《自治区交通运输厅重、特大生产事故应急救援预案》《交通运输厅突发事件总体预案》等应急预案,并按照不同领域、不同突发事件内容完善交通建设、公路养护、道路运输、路政执法、水上救援等各类分项预案。自治区交通运输厅与自治区气象局签订了《关于共同开展公路交通气象监测预报预警工作合作框架协议》,建立了恶劣天气预警工作机制。积极开展各类应急演练,结合公路、桥梁、隧道、水上旅游、客运车站和危险化学品运输等情况,厅指挥部通过应急指挥车视频对现场进行指挥,效果明显。

四、公路出行服务

1. 天津市,完成普通公路服务区建设任务10处,深化高速公路服务区"厕所革命",完成荣乌高速公路大港服务区卫生间改造和津石高速公路静海西服务区卫生间新建工作。坚持以货车驾驶员的实际需求为导向,在津石高速公路静海西服务区建设"司机之家",为货车驾驶员提供多样化服务;开展长深高速公路津南服务区、秦滨高速公路涧河服务区(秦皇岛方向)提升改造工作。推进"服务区+"融合发展,实现七里海服务区+光伏发电、温泉城服务区+旅游、双港停车区+生活服务等。推进绿色服务区建设,完成3处服务区充电桩建设和1处服务区加气站建设。27对高速公路服务区已配备新能源汽车充电桩,覆盖率达71%,并在8对服务区开通LNG加气站。

2. 内蒙古自治区,服务区公共环境卫生显著提升,采用新型纳米无水冲小便器,节水效果良好,克服干旱缺水、环境恶劣的难题。改善老旧服务区硬件设施,人性化服务进一步凸显,充分利用绿化休闲区域设置人文景观带。经营服务能力持续改善,建立自营便利店,打造独具地方特色的餐饮美食。设计旅客评价二维码,旅客通过扫码可以随时对服务区的服务进行监督、投诉、评价。

3. 辽宁省,为做好疫情防控宣传工作,及时开通高速公路省界宣传短信推送服务,累计向途经驾乘人员发送短信息500余万条。与FM98.6等广播电台合作,播报服务区保障信息300余次。结合服务区顾客投诉、现场条件、客流量等因素,在16处服务区试点建设公共休息区,为旅客休息和就餐提供了便利。

4. 吉林省,落实客户服务与监控调度双核心工作模式,采集高速公路事故、清障、施工、气象、管制等信息,通过客服热线、官方网站、微信公众号、新浪微博、抖音、快手、小程序,以及"吉行高速"App、可变信息标志等渠道,向高速公路通行者快速、精准发布。在节假日等重要时间节点,提前发布收费政策、路段施工、服务区功能、车流量预判、路网天气预报等信息。

5. 黑龙江省,服务区品质升级改造7处,新建1处,新建"煤改电"取暖16座,新建

"司机之家"3处，新建1座污水处理设备。全面推行服务区"公厕长制"管理模式，服务区公厕基本实现建设标准化、管理规范化、设置合理化、监督社会化。得莫利和共和湖服务区被评为2020年全国5A级"司机之家"，扎龙、锦山、日月峡和甘南服务区评为2020年全国4A级"司机之家"。推进服务区改革，注册了自营餐饮、商超"驿利"品牌，并在四丰山、绥化等服务区先行试点，为实现超市、餐饮、特产加工专卖一体化运营奠定基础。

6. 上海市，推广服务区新能源充电站与充电桩、智能照明、太阳能热水等节能设施，完善服务区、停车区垃圾分类管理体系，引进先进技术和污水处理设施，打造智慧和绿色服务区。与东方广播中心签署战略合作，联合发布的全新专栏"高速路况播报"于8月18日在FM105.7上海交通广播正式上线。印发《关于规范道路可变信息标志信息发布工作的通知》，对可变信息标志信息发布的职责分工、形式内容、原则标准、优先等级以及程序要求进行了明确。

7. 江苏省，出台《普通国省道服务设施运营管理办法及服务规范》，建成普通国省道服务设施15个，完成10个"公路驿站"品牌命名。"十三五"期间，累计建成普通国省道服务设施134个，创建"公路驿站"总数达到15个。

8. 浙江省，新建8个"司机之家"，总量达到17个，通过交通运输部验收的总量和5A数量均居全国第一。成功创建五星级服务区10对、四星级服务区30对，完成18个公共卫生间改造，服务区保障能力显著提高。进一步完善服务区管理标准规范，制定并印发《高速公路服务区公共卫生间布设指南》《服务区服务提升指南》《关于进一步加强高速公路服务区保安、保洁工作的通知》等规范文件。

9. 福建省，修订《福建省高速公路服务区招商管理办法》《福建省高速公路服务区经营单位信用考核办法》等，印发《福建省高速公路服务区岗位服务标准》《福建省高速公路服务区工作规范》，出台《高速公路服务区服务设施日常运行维护管理工作指导意见》等，进一步完善服务区设施建设维护、岗位工作规范、管理考核评价标准体系。开展"服务区+"行动，推进服务区+旅游、服务区+文化等多方向融合发展，打造以茶旅为主题的天福服务区，以旅游为主题的青云山服务区、武夷山服务区，以红色文化为主题的古田服务区，以畲风海韵为主题的罗源服务区，以香文化为主题的达埔服务区，以微型商业体为主题的大往服务区、兴泰服务区等多种多样特色主题服务区，全省服务区地方窗口展示功能进一步凸显。

10. 山东省，编制《山东省高速公路出行信息报送和发布机制（征求意见稿）》，交通出行信息服务网5月上线试运行，填补了路网重要灾害及气象信息发布的短板。按照

"一区一特色"原则,打造了一系列地域特色浓厚的主题服务区,如"儒家文化"济宁服务区、"泉水文化"济南东服务区、"科技文化"济南服务区、"风筝文化"潍坊西服务区、"牡丹文化"曹州服务区等。行业首创"司机之家",在泰安、曲阜等服务区建成客货车驾驶员专属服务功能区——"司机之家"样板工程。泰安服务区"司机之家"为全国"司机之家"建设提供了标准模板,并荣获"品牌服务司机之家"称号。

11. 湖北省,克服新冠疫情和汛期灾情的双重影响,完善普通公路基础设施,建成厕所51个、服务设施75处;高速公路累计完成"星级厕所"改造297座,新建"司机之家"8对。高速公路开展"企业自检、行业巡检、第三方暗访检查"相结合的常态化检查考核,研究拟订《湖北省普通公路服务设施使用及维护管理办法》《高速公路服务区服务设施规范》《高速公路服务区服务管理规范》等。

12. 湖南省,交通运输厅公众出行服务网站、"潇湘行"App正式上线,完成湖南省高速公路公众出行服务网站更新,推出了"湖南高速通"App,社会反响良好。完成G4京港澳高速公路湖南段、G60沪昆高速公路湖南段、G5513长张高速公路沿线中国交通广播发射台的建设,实现全省主要城市及4000公里高速公路广播信号全覆盖,同频覆盖的FM90.5中国交通广播成为公众获取路况最快捷的渠道。在长沙服务区和临湘服务区开展信息化建设示范工程,实现免费WiFi覆盖,完成移动触摸屏、可变信息发布屏、停车位发布、视频监控等系统的建设。

13. 广西壮族自治区,开展《高速公路服务区设计规范》《高速公路服务区管理规范》2项地方标准编制工作。深入推进"厕所革命"专项行动,完成61对服务区40座公厕新建及82座公厕改造提升。建成来宾南、武宣、灌阳等8对服务区"智慧公厕",实现公厕环境情况监测、预警、除臭、照明、冲洗、流量统计等智能功能,全面提升公厕服务管理水平。建成那马、东山、西燕服务区等10个"司机之家"并投入使用。推进特色服务区建设,如鹿寨服务区打造"大美高速,一路有你"文化品牌,建设"鹿情、鹿缘、鹿景"特色服务区;灌阳服务区打造红色文化品牌,服务区内部以红色为基调,综合楼设置红军长征"血战湘江"历史展厅;钦州西服务区设置北部湾特色海产品及钦州特产坭兴陶等专区。

14. 海南省,完成微信公众号平台建设,主要由微网站、路况信息、路况信息随手拍、便民服务四大栏目组成,通过拍照上传的方式,发挥社会公众能动性,让社会公众参与到路网运行监测工作中,让出行信息发布服务更加快捷高效。密切关注台风动向,对台风运行路径进行预警,及时发布台风来袭预警通告,提醒相关单位做好防风防汛工作,提醒出行群众谨慎驾驶。

15. 重庆市, 截至 2020 年底,高速公路开通营运 72 对服务区,全路网服务区合计 14952 个车位,平均每对服务区提供 207 个车位。服务区全年驶入车流量约达 5227.6 万辆,日均 14.3 万辆,平均驶入率 14%;全年共接待驾乘人员约 2.1 亿人次,平均每对服务区日均接待 8270 多人次。普通公路建成并开放的服务区共 31 座,其中,8 座服务区设置了专门的充电桩和停车位,70% 以上的服务区设置了免费 WiFi 覆盖。重庆交通直播室完成交通路况及综合信息连线节目 3000 余次,直播《一路放轻松》节目 400 余期,总时长接近 25000 分钟,收听份额保持全市各台同时段所有节目的第一名。

16. 西藏自治区, 与气象部门深化公路气象信息发布合作,实现基础数据(235 个气象站点实时数据更新、气象云图、39 路视频监控点数据等)互联互通,通过可变信息标志、邮件、微信、门户网站等方式及时发布每日公路气象信息,特别重视重大节假日、极端恶劣天气专题气象发布工作,引导公众出行。

五、联网收费运营

1. 天津市, 圆满完成 922 条车道"费显"点亮工程。优化收费站车道布局,增加收费车道、优化车道系统,切实提高收费站通行保畅能力。完成省级在线计费服务平台建设,不断优化在线计费服务功能;完成绿通、集优平台的对接和测试工作。完成 ETC 存量投诉"归零"和退费"归零"工作,对 7 家合作银行的清分系统完成了改造切换工作。对"乐速通"App、微信"津易行"小程序进行功能优化,实现通行记录查询、月结单、账户信息和扣费信息的实时推送。

2. 河北省, 完善《河北省高速公路电子收费车道建设管理办法》《河北省高速公路电子收费车道养护管理办法》《河北省高速公路电子收费系统检测管理办法》《河北省高速公路电子收费系统运营服务管理办法》。对收费站、省结算中心软件进行升级,建立数据完整性校验系统,完成 ETC 车道系统升级,每月将全省 ETC 运行问题形成《ETC 运营通报》。建立健全联网收费工作管理制度,精细简化业务办理流程,结合 ETC 工作,安排业务培训、服务礼仪培训、财务审计培训等,提升 ETC 队伍整体素质。

3. 辽宁省, 全省联网收费系统核心指标保持全国前列,细化制定引流增收、ETC 拓展、系统运维、联网稽核、客户服务共计 5 大项 38 小项量化指标,开展每日调度。全省 ETC 车道已成为主车道、主流量,专用车道通过率达 98.5%,比 5 月 6 日恢复收费初期提高 18.5%。

4. 湖南省, 2020 年新增 ETC 用户 104 万,用户总量达 846.93 万。建成启用 24 个 ETC 客户服务中心,辐射全省 14 个市州,保障 435 个收费站。完善高速出行客服中心,开通了12328&96528交通运输服务监督电话,与95022、中国ETC服务、"湖南高速通"App等形成线上线下联动的ETC客户服务体系。累计受理话务总量约为1107760个,同比上升约132.87%。ETC客服接通率、投诉处理及时率和结案率均达100%,社会满意度大幅提升。

5. 广东省, 完善ETC运行监测体系,建设车道日志分析系统,对车道系统通行成功率等重点指标进行监测,完成4000余条ETC车道摸查,牵头制订车道优化流程。建立ETC运行监测异动督导机制和路段运维保障体系,跟进收费车道标志标线整改和收费站车道设置优化情况,规范车道收费操作。建成包括线下网点、线上渠道及客户联络中心的粤通卡客户服务体系,其中,线下服务网点约1.8万个,全面覆盖到县区。实现投诉清零目标,投诉处理及时率及结案率均为100%。粤通卡发行、更换、注销等线上业务均可实现当日审核、隔日发货,粤通卡满意度综合评分约86分。2020年,粤籍号牌ETC保有量2171万辆、安装率为87%,本籍号牌ETC保有量居全国第一。建立现金差额缴款方式和交易日轧差结算优化机制,将全省路段现金缴存额降低了90%以上,结算资金到账时间整体提升50%以上。

6. 重庆市, 修订完善联网收费操作、CPC卡管理调拨、清分结算、特情处理、联网稽核、投诉处理以及突发事件应急处置流程7项制度。充分发挥部、省、站三级调度指挥联动机制和重庆交通综合执法体制优势,协同开展保通保畅工作。自主研发"天网"稽核平台,从发行信息准确性、门架通行环节车辆信息一致性、出入口车道数据完整性等环节,加强全流程稽核监管,保障通行费收入应征不漏。

7. 甘肃省, 作为全国联网收费系统"费显"点亮和系统优化五个试点省份之一,牢固树立"一张网"的担当意识、"一盘棋"的大局意识,积极主动承担试点任务和转换磨合期重点工作。充分利用高速公路免费通行的"空档期",着力采取"八项措施",持续推进试点工作,提升ETC交易准确率,有效解决系统运行初期及磨合过程中出现的问题,实现"一次行程、一个账单、一次收费、一次到支"的目标,为全国其他省(区、市)提供了良好借鉴,为全国联网收费系统整体稳定运行贡献了甘肃方案和甘肃力量。

8. 新疆维吾尔自治区, 组织签订《第十战役收费系统整改清零责任状》,分类别细化台账,建立完善考核机制,共计清零收费系统存在的问题111项。多次完成货车各车型通行费变化验证以及邮政、快递、危险化学品与运输企业货车通行费费率验证工作,确保新疆达到"两个确保、一个降低"的总体要求。做好收费系统网络安全管理,指导并监督收费公路经营单位、ETC发行服务机构的网络安全管理工作,完成交通运输部收费系统网络安全平台月报工作。

六、联网监测分析

1. 天津市，接入高速公路实时监控视频 3000 余路，可实现对重要路段、大型桥梁、长大隧道、互通立交、收费站、服务区等重点监控目标的日常监控，监测覆盖率达到 100%。通过路网运行监测系统，采集全市 21 条高速公路实时路况信息，并结合公安交管信息、互联网企业信息等，实现对全市高速公路运行状态的综合监控和通行能力的实时分析评价，支撑高速公路安全有序运行。

2. 山西省，依托省高速公路交通事件管理系统，对全省造成通行影响的交通事故、道路施工、拥堵信息、恶劣天气等异常事件信息，进行采集、跟踪、查询、统计，并通过分析积累的事件数据，编制年度全省高速交通事件统计分析报告，为运营决策提供数据依据。

3. 内蒙古自治区，形成全区交通运输行业基础性、规范性和战略性数据资源汇聚中心、数据资源交换共享中心，初步搭建交通运输地理信息平台，涵盖全区公路、桥隧、治超站等基础设施空间数据，可为交通运输规划、建设、管理、养护、运输等提供权威的地理信息服务。初步搭建公路水路安全畅通与应急处置平台，实现对全区高速公路、国省干线重点收费站实时监控，接入全区"两客一危"车辆 GPS 监控定位数据，强化网络舆情监测预警能力。

4. 辽宁省，初步形成智慧高速顶层设计，基本完成"一个中心、两个平台"信息化建设框架和 26 个子系统建设并投入使用。加强路网运行监测，建设省级高速公路视频云联网平台，实现高速公路沿线、收费站、服务区、ETC 门架等 4500 路视频监控 100% 汇聚并联网，并通过关联"辽宁高速通"App 实现向公众提供视频浏览等应用服务，更好地满足群众高品质出行需求。打造全国唯一一条实现事件自动检测功能的沈山高速公路。对全省所有可变信息标志进行联网在线改造，对 322 块可变信息标志控制器进行升级，实现精准交通诱导。

5. 上海市，积极推进信息系统整合，通过跨部门、跨行业共享等方式，共计接入视频图像 27630 路。开展"上海交通运行和应急指挥系统""上海道路交通管理信息系统"等项目前期准备工作，完成大客流疏散、路网交通实况、公共交通实况、个体交通实况、静态交通实况、路网 OD 分析、道路交通指数等业务应用场景的初步开发。推进无人机在疫情防控和重大节假日期间的应用，将高速公路收费站现场实时画面回传至指挥中心。

6. 江苏省，坚持"应上尽上、上必可用"的原则，完成普通国省道沿线 3586 个摄像机、高速公路沿线 4000 个摄像机视频上云。进一步拓展视频云平台功能，公众可通过

"江苏路网"微信公众号实时获取近8000路沿线视频,以及施工信息、交通事故、服务区等信息。南京、镇江部分农村公路沿线视频也向公众尝试开放,为服务公众安全便捷出行、建设人民满意交通树立了新的标杆。全力推进多源数据融合应用,针对高速公路ETC门架数据、桥梁监测数据和不停车超限检测数据制订融合方案。

7. 浙江省,开展全省高速公路视频云联网建设工作,采用"路段—省级云平台—部级云平台"的联网方式,将高速公路沿线视频资源通过路段上云网关设备,经省级云平台统一汇聚后与部级云平台对接,实现视频资源实时在线共享。全省组建统一的高速公路视频传输运营商专网,汇聚至省级中心,再通过互联网接入省级视频云平台。全省30家单位的83个视频上云点均完成与省级视频云平台对接,9670路图像上传省平台并与部级平台实现联网。

8. 江西省,升级高速收费站拥堵监测平台和"江西高速"微信公众号信息发布平台,通过交通大数据分析,实时获取收费站广场通行时速、车流长度等信息,实现对全省收费站拥堵时长、拥堵里程的监测预警。优化路况信息发布简图,以更简洁的矢量图形式呈现高速公路运行状态,为公众展示实时路况信息。

9. 湖南省,建成湖南高速公路综合管理平台并实现联网运行,完成"省监控中心+监控分中心"两级监控综合管理平台建设,监控联网里程达6000余公里,接入265套高密度视频监控、59套交通违法卡口抓拍、73处应急车道违法抓拍、11735路各路段新增图像、200多块可变信息标志。实现公路部门与交管部门之间视频共享,将违法抓拍数据共享交警的同时,完成卡口数据双向交换。

10. 广东省,印发《广东省高速公路视频云联网建设工作方案》,明确了建设方案和工作要求,实现全省所有营运高速公路视频接入省级云平台,每日定时对上云情况进行统计和通报。视频云平台系统提供PC端、微信公众号和微信小程序三个服务界面,累计接入160多条高速公路约1.24万路视频,涵盖高速公路沿线基础设施及绝大部分重点监控区域,视频接入率超100%,在线率达96%。

11. 福建省,建成基于大数据的路网综合管理智慧高速公路示范工程一期项目(综合路网指挥信息中心项目)。持续开展大数据中心建设,搭建路网管理可视化平台,基本实现拥堵路段实时监测与预警功能,实现路网数据信息资源跨部门、跨区域互联互通。完成《福建省普通国省道"智慧公路"建设规划》编制和"交通综合图库一体化管理工程(一期)"设计及审批,完成项目招投标、需求调研以及部分功能模块的预开发。

12. 贵州省,结合疫情带来的路网运行特点变化,依托交调数据、门架流水、互联网地图等大数据,从路网基本特征、流量分布、出行半径、拥堵态势、安全风险等方面,完成春节、"五一"、国庆长假路网运行态势研判分析,为制订保畅措施和工作方案提供参考。完成省部共享高速公路视频16841路,不断优化完善省级视频云平台相关功能,开发手机App及微信公众号,视频云手机App、微信公众号,实现具备视频云端调阅相关功能。

13. 云南省, 制定《云南省交通视频联网监测工作实施方案》,明确主要任务、实施步骤以及责任分工等。云南省交通视频联网云平台汇聚了高速公路、港口码头、陆路口岸、轨道交通等视频监控,其中,包括高速公路沿线、桥隧、服务区、ETC门架共4769路视频监控,以及16个州、市国省干线重点路段共372路视频监控。

14. 陕西省, 基于高速公路收费数据,开展交通经济、通行效率、规划设计与改扩建工程等6类专项分析,形成高速公路货运数据分析、货车轴载数据分析、路网服务水平分析、收费站运行压力分析、货车费率评估分析与差异化收费分析等6类专项分析报告,为高速公路运营管理决策提供数据依据。利用ETC门架采集的车辆通行数据、牌识数据、抓拍数据,形成部交通情况调查统计所需的各项数据指标,实现ETC门架功能复用。开展高速公路超速筛查处理系统建设工作,基于ETC门架系统采集的各类数据,对车辆通行连续两个相邻门架间时进行区间测速,并作为超速执法依据。

15. 宁夏回族自治区, 新建宁夏高速公路路网应急指挥调度系统,全面完成宁夏高速公路省级视频云平台建设,采用分中心上云方式共接入全区高速公路视频1274路,其中,隧道视频282路,收费站广场视频204路,视频在线率达到88.63%。建成高速公路OTN10G传输网,与原SDH2.5G传输网并行运行。

16. 青海省, 基本形成"总中心—分中心—监控站"的三级监控管理构架。总中心采用集中管理方式,省公路局、路政总队、海事局、执法监督局等单位进驻交通运输应急处置大厅,高速公路运营单位协同办公,基本形成集中、高效、联动的路网运行管理工作体系。青海省路警联合指挥中心基本实现与交警、路政、气象等联动单位之间的信息互通、资源共享与协调联动,有效提升了路网运行与应急响应的管理水平。从路网运行态势、公路出行高峰、易拥堵路段、绕行方案措施等多个方面,细化重要节假日和重点时段路网运行研判分析,为领导决策和公众出行提供数据支撑。

17. 新疆维吾尔自治区, 建成全区路网应急指挥监控系统,共接入全区高速公路重要路段、国省干线、收费站、服务区、客运站、治超站、公交调度指挥中心BRT车站等视频图像共计11307路,可实现对全区重要节点的实时监测。

七、"智慧公路"试点建设

1. 北京市, 延崇高速公路北京段智慧公路主要建设内容包括基础设施数字化、车路协同、智慧服务区、路网综合管理和服务等四个方面。初步实现全程精准感知、行车安全预警、自动驾驶与车路协同创新应用。在保障运营安全方面,完成基础设施健康监测系统、高速公路资产动态管理系统建设,实现对路线、路基、路面、桥梁、隧道、设施、资产状态的自动监测、数据动态更新和智能巡检养护。在服务冬奥出行方面,已建成可变信息标志、隧道广播、服务区信息大屏等信息发布设施,可满足日常运营和冬奥期间指挥调度、信息发布需要。依托北京 MaaS 平台(北京交通绿色出行一体化服务平台)等,探索实现服务信息由路上展示向车内显示的转变,进一步提升用户出行服务体验和获得感。在车路协同示范应用方面,在阪泉服务区至小海坨山赛场约 18 公里的路段范围,布设 208 套高清摄像机(间隔 105 米)、109 套毫米波雷达和 105 套边缘计算单元(间隔 210 米)、65 套 LTE-V 路侧通信单元(间隔 420 米)、30 套隧道内高精度定位设备、1 套全要素气象检测器,基本实现了合流区、施工区、危险路段等 8 大安全类预警服务,以及动态限速、车内标牌等 2 大服务类的车路协同。

2. 山西省,创新提出以智能网联货运编队为切入点,以实现自动驾驶货车编队开放运行、测试和验证为目标,建设涵盖高速公路和城市道路的智能网联重载货运车路协同示范区,推动智能网联货运的前瞻性研究与应用。紧密结合山西省交通发展基础条件,将重载货运与车路协同相结合,在车路协同领域先行先试。建设国内首个智能宣卡编队测评、验证和示范基地,车路协同新技术迭代应用和示范基地,打造山西省交通强国车路协同试验田。将智能网联重载货运车路协同科研试验路段与阳泉市车路协同示范道路融合衔接,实现智能网联汽车在高速公路和城市道路的联动运营示范。

3. 黑龙江省,打造集收费管理、智能养护、路网管控、应急协同及公众服务五大业务应用于一体的智慧公路管控(服务)平台系统,初步形成基础设施监测体系、路网运行感知体系、全量数据资源体系、实时预报预警体系、高效应急保障体系以及出行服务体系。开展智慧交通示范工程项目建设,包括:黑龙江省自动驾驶测试场、智能网联示范区项目及智慧高速示范工程,以智慧公路管控(服务)平台系统为核心,规划 100 公里左右高速公路作为示范路段,深度应用物联网、大数据、人工智能、5G 等技术,支撑环城高速公路基础设施转型升级,构建环城智慧高速公路体系。

4. 上海市,开展 G15 沈海高速公路嘉浏段、S32 申嘉湖高速公路、G50 沪渝高速公路、G60 沪昆高速公路等智慧高速规划方案研究。其中,G15 沈海高速公路嘉浏段智慧高速建设功能突出"新基建智慧高速全寿命周期运营管理"以及"车道级交通流精准控制",最终形成一套"智慧高速运营体系"以及一个"新基建全要素全周期管控平台"。S32 申嘉湖高速公路建设功能突出"三个提升",即提升路面、桥梁及机电设施病害的发现效率，提升交通运行监测效率，提升突发事件处置效率，从而构建"两维四端"多种智慧服务方式。

5. 江苏省，作为首批交通强国试点省份、首批新一代国家交通控制网和智慧公路试点省份，编制出台《江苏省智慧高速公路建设技术指南》《江苏省普通国省道智慧公路建设技术指南》等一批技术指南。围绕全息感知、车路协同、主动防堵、安全运输、便捷服务等目标，建设 S342、G524、沪宁高速公路、苏台高速公路、五峰山高速公路、苏锡常南部通道等一批智慧公路试点工程。其中，无锡 S342 省道智慧公路通过打造"六大主题 + 一张网络"，构建了具有无锡特色、具备推广价值且可以持续发展的新一代智慧公路江苏方案。沪宁高速公路通过开展超大流量路段通行保障关键技术研究与工程示范，提升无锡段通行能力，实现日均 28 万～30 万辆标准车流量下的有序通行，并为建设智能汽车专用道预留空间。

6. 浙江省，被列为全国首批交通强国试点以来，省委省政府高度重视，以省委省政府名义出台《高水平交通强省建设实施意见》，统筹推进九要素现代化。制订三年行动计划，推进"九网万亿"基础设施建设，实施"十大千亿、百大百亿"工程。制定出台全国首个《智慧高速公路建设指南（暂行）》，明确智慧高速建设原则、目标和技术要求。搭建"1 + 1"（省云 + 沪杭甬路段云）云控平台，逐步将其他智慧高速公路接入，形成"1 + N"运行模式架构。

7. 安徽省，制定《安徽省智慧交通建设方案（2021—2023 年）》与《安徽省交通强国建设试点实施方案》，探索一体化智慧高速应用体系，建设集监测、调度、管理、应急、服务于一体的高速公路一体化协同管理平台。开展宁芜智慧高速公路建设，合宁高速公路长三角"Z"形智慧公路示范通道建设等项目，研发全天候、多要素高速公路交通运行状态感知及重点桥隧基础设施结构安全感知系统。积极拓展 ETC 场景应用，试点开展 ETC 在停车场、加油站、服务区等领域的拓展应用，实现向用户即时推送计费账单功能。

8. 江西省，建设福银高速公路昌九段新祺周互通至永修互通的新一代国家交通控制网，建设内容包括：交通控制网路侧智能站系统、北斗卫星导航增强系统、桥梁健康和结冰监测系统、隧道健康监测系统、雷达交通事件检测系统、交通控制传输网、智慧公路云平台、智慧能源供电系统、网络安全系统。

9. 河南省，依托普通干线智慧公路试点项目，构建智慧公路综合管理平台，主要包括：干线公路业务管理子系统、干线公路资产管理子系统、干线路网运行管理子系统、区域协同调度应急子系统、智能交通信息服务子系统、大数据分析与决策子系统等。建设机西智慧高速公路示范工程，建立多维交通信息感知系统，在路段沿线设置全方位摄像机 148 台、AI 分析摄像机 28 台,主线卡口摄像机 6 套、全景摄像机 4 套、车路协同摄像机 69 台、F 形可变信息标志 20 套、门架式可变信息标志 15 套、路网信息发布屏和均衡发布屏 10 套,气象站 6 套、微波车辆检测器 28 台,布设无人机、移动布设摄像机、视频巡逻车等移动采集终端设备,实现对路段实时运行信息的采集。

10. 广东省,智慧公路试点示范工程主要依托乐广高速公路、南沙大桥、深圳外环高速公路等示范路段,构建高速公路营运管理及服务的"一中心"——智慧公路控制与服务云数据中心,"五应用"——基础设施数字化资产管理、路运一体化车路协同、北斗高精度应急指挥调度与收费、"互联网+"服务、基于大数据的路网综合分析决策等。其中,建成南沙大桥智慧公路基础平台及监控中心,开展车路协同通信交互连接测试,实现了 6 大类智慧公路运营管理业务,具备了车路通信和 21 种场景车路协同技术能力。

11. 广西壮族自治区,完成广西智慧高速车路协同示范工程——沙吴高速公路的智慧高速与传统机电工程统筹设计调研和方案评审。搭建广西普通公路信息管理平台,将视频信息、灾毁信息、路况信息、路政信息、农村公路信息进行整合。探索应用"固定翼无人机+公路养护"新模式,以桂林片区为试点,运用固定翼无人机航拍采集影像数据并后期分析处理结果,在路况监测、桥梁检测、公路巡检、抢险救灾、路政管理等领域进行试点。

12. 云南省,大力推广 BIM(建筑信息模型)技术与交通基础设施建设融合应月,共建成 25 万余公里数字化路网,整合 4000 余公里三维数字化路网模型和 1114 幅高分辨率卫星遥感影像,完成全省交通 GIS 一张图建设。打造"游云南"交通出行版块,持续推进停车场接入"一机游"平台,累计接入停车场超过 1121 个。昆明长水机场、高铁南站、大理古城、丽江古城等停车场实现无感支付。开展高速公路沿线服务区智慧化提升改造工程,完成 190 个服务区上线"一机游"平台工作。

附录A 全国高速公路日均通行量(以出口流量统计)分省汇总表

全国/省(区,市)	总量(万辆次)	客车(万辆次)	货车(万辆次)
全国	3010.30	2278.12	732.18
广东	549.74	429.55	120.19
江苏	222.12	169.39	52.73
河北	214.28	136.81	77.47
浙江	208.63	150.54	58.09
四川	203.14	168.00	35.14
河南	177.82	121.27	56.56
山东	175.29	114.09	61.20
陕西	132.36	94.12	38.24
北京	126.00	105.47	20.53
上海	122.05	97.01	25.05
湖南	108.60	85.06	23.54
贵州	104.27	81.93	22.34

附录A 全国高速公路日均通行量（以出口流量统计）分省汇总表

续上表

全国/省（区、市）	总量（万辆次）	客车（万辆次）	货车（万辆次）
福建	101.22	78.13	23.09
云南	98.24	76.35	21.89
湖北	93.81	65.53	28.28
安徽	85.86	61.29	24.57
山西	83.72	48.83	34.89
广西	83.49	62.37	21.12
重庆	78.75	61.59	17.16
江西	77.91	51.48	26.43
辽宁	75.17	54.51	20.66
天津	71.98	42.83	29.15
内蒙古	36.58	22.14	14.44
甘肃	34.84	25.63	9.21
吉林	30.67	20.44	10.23
黑龙江	25.88	18.66	7.22
新疆	18.90	14.48	4.42
宁夏	17.61	11.86	5.75
青海	13.32	10.98	2.34

注：1. 全国高速公路交通量不含西藏、海南。
2. 全国流量按入省流量去重统计，分省流量按合计值统计。

附录B 6条主要通道运行状况评价结果汇总表

序号	通道名称		技术状况		阻断情况		拥挤情况			通道运行指数
			PQI	技术状况空间分布	阻断程度	阻断事件特征	拥挤度	交通量空间分布特征	拥挤度空间分布特征	
1	京哈通道	高速公路	93.35 优等	全路段均处于优等水平	累计阻断时间 3576.44d 累计阻断里程 34370.73km 阻断严重度 42448.98 km·d	京哈通道全年共上报阻断事件800起,其中突发性阻断事件700起,计划性阻断事件100起。河北境内路段阻断事件数量最多,阻断程度最高	0.78 轻度拥堵	京哈通道中的高速公路(G1)北京段、天津段、河北段、辽宁段和吉林段交通量较大,其中河北段达到将近9000pcu/日,同比基本持平。黑龙江段最小,为不到10000pcu/日,同比下降超过10%。平行的普通公路G102中,北京段、河北段交通量较大,接近或超过30000pcu/日;黑龙江段交通量最小,不到10000pcu/日;除河北段外,其余路段交通量同比都有不同程度下降	京哈通道高速公路(G1)中,河北段严重拥堵,辽宁段中度拥堵,天津段和吉林段轻微拥堵,其余路段均基本畅通。与2019年相比,辽宁段、吉林段拥堵情况有所加剧,其余路段基本持平。平行的普通公路G102中,河北段严重拥堵,天津段中度拥堵,辽宁段、吉林段轻度拥堵,北京段、黑龙江段基本畅通。与2019年相比,北京段拥堵情况有所加剧,其余路段拥堵情况有所减缓	3.17
		普通公路	82.97 良等	津冀段处于优等水平,京辽路段处于良等水平,吉黑路段处于中等水平	累计阻断时间 152.31d 累计阻断里程 182.40km 阻断严重度 3952.21 km·d		0.70 基本畅通			3.54

· 82 ·

附录B 6条主要通道运行状况评价结果汇总表

续上表

序号	通道名称		技术状况		阻断情况		拥挤情况			通道运行指数
			PQI	技术状况空间分布	阻断程度	阻断事件特征	拥挤度	交通量空间分布特征	拥挤度空间分布特征	
2	京沪通道	高速公路	93.85优等	全路段均处于优等水平	累计阻断时间 2444.73d；累计阻断里程 29415.94km；阻断严重度 145860.50 km·d	京沪通道全年共上报阻断事件683起，其中突发性阻断事件608起，计划性阻断事件75起。北京境内阻断事件数量最多，江苏境内阻断程度最高	0.71 轻度拥堵	京沪通道中的高速公路(G2)全线交通量都较大，上海段、河北段、江苏段交通量较小；山东段、天津段交通量最大，将近100000pcu/日，其余路段有所下降。平行的普通公路中，G312上海段交通量将近40000pcu/日，G205江苏段、G205山东段，均超过30000pcu/日。与2019年相比，山东段交通量同比增长3%，其余路段交通量同比有所下降	京沪通道中的高速公路(G2)中，北京段、上海段和江苏段严重拥堵，天津段、河北段和山东段中度拥堵。各路段拥堵程度与2019年相比基本持平。平行的普通公路中，G104北京段和G312上海段轻度拥堵，其余路段基本畅通。与2019年相比，G312上海段、G104天津段和G205江苏段拥堵情况有所好转，其余路段与2019年基本持平	3.30
		普通公路	90.54优等	除河北、山东段处于良等水平，其余路段均处于优等水平	累计阻断时间 344.45d；累计阻断里程 236.05km；阻断严重度 18675.34 km·d		0.89 轻度拥堵			3.16

· 83 ·

续上表

序号	通道名称	技术状况		阻断情况			拥挤情况			通道运行指数
		PQI	技术状况空间分布	阻断程度	阻断事件特征	拥挤度	交通量空间分布特征	拥挤度空间分布特征		
3	京港澳通道	高速公路 93.84	全路段均处于优等水平	累计阻断时间 5425.63d；累计阻断里程 174942.29km；阻断严重度 307823.31 km·d	京港澳通道全年共上报阻断事件 4694 起，其中突发性阻断事件 3479 起，计划性阻断事件 1215 起。河南境内路段阻断事件数量最多，湖南境内阻断程度最高	0.93 中度拥堵	京港澳通道中的高速公路（G4）交通量较大，全线交通量均超过 50000pcu/日，其中河北段交通量最大，为 60000pcu/日左右；广东段交通量同比有所增长，其余路段同比有所下降。平行的普通公路 G107 中，广东段、河北段交通量均超过 20000pcu/日；湖南段、湖北段交通量最小，不到 20000pcu/日。与 2019 年相比湖南段和湖北段有所增长，其余路段有所下降	京港澳通道中的高速公路（G4）河北段和湖南段严重拥堵，广东段中度拥堵，其余路段轻度拥堵。与 2019 年相比，北京段拥堵情况略有好转，其余路段拥堵程度基本持平。平行的普通公路 G107 中，除河南段基本畅通，其余路段中度拥堵或轻度拥堵。与 2019 年相比，河北段拥堵情况基本持平	2.72
		普通公路 89.32	京冀鄂路段处于优等水平，其余路段处于良等水平	累计阻断时间 439.03d；累计阻断里程 703.79km；阻断严重度 19179.66 km·d		0.89 轻度拥堵		有所好转，其余路段基本持平		3.18

附录B 6条主要通道运行状况评价结果汇总表

续上表

序号	通道名称	技术状况		阻断情况		拥挤情况			通道运行指数
		PQI	技术状况空间分布	阻断程度	阻断事件特征	拥挤度	交通量空间分布特征	拥挤度空间分布特征	
4	长深通道 高速公路	94.39	全路段均处于优等水平	累计阻断时间 2884.12d；累计阻断里程 47359.42km；阻断严重度 65516.22 km·d		0.49 基本畅通	长深通道中的高速公路（G25）吉林段、福建段交通量较小，其余路段交通量均较大。最大的山东段将近70000pcu/日，最小的辽宁段也超过50000pcu/日。与2019年相比，辽宁段、山东段、浙江段、安徽段和福建段分别增长21%、11%、15%、12%和7%，其余路段有所下降。平行的普通公路中，G205 江苏段交通量最大，超过30000pcu/日；福建段交通量最少，不到10000pcu/日。与2019年相比，G203 吉林段和山东段交通量有所下降，G205 天津段、福建段和广东段交通量有所增加，其余路段有所增长。	长深通道中的高速公路（G25）全线较为通畅，仅山东段和浙江段达到轻度拥堵，其余路段基本畅通或畅通。与2019年相比，辽宁段、天津段、山东各路段拥堵情况有所缓解，其余各路段拥堵情况基本持平。平行的普通公路中，G101 辽宁段、C205 福建段经中度拥堵，其余路段轻度拥堵或中度拥堵。与2019年相比，G112 河北段和G205 安徽段拥堵情况有所加剧，山东段、浙江段和广东段拥堵情况略有好转，其余路段拥堵基本持平。	3.74
	长深通道 普通公路	89.50	吉林段中等水平，辽冀鲁粤段处于良等水平，其余路段处于优等水平	累计阻断时间 915.98d；累计阻断里程 504.92km；阻断严重度 9186.31 km·d	长深通道全年共上报阻断事件1051起，其中突发性阻断事件830起，计划性阻断事件221起。天津境内阻断事件数量最多，江苏境内阻断程度最高	0.85 轻度拥堵			3.50

续上表

通道序号	通道名称	技术状况		阻断情况			拥挤情况			通道运行指数
		PQI	技术状况空间分布	阻断程度	阻断事件特征		拥挤度	交通量空间分布特征	拥挤度空间分布特征	
5	连霍通道	高速公路 91.95	全路段均处于优等水平	累计阻断时间 15039.56d 累计阻断里程 64290.78km 阻断严重度 530010.99 km·d	连霍通道全年共上报阻断事件 2319 起,其中突发性阻断事件 1685 起,计划性阻断事件 634 起。河南境内阻断数量最多,甘肃境内阻断程度最高		0.39 基本畅通	连霍通道中的高速公路(G30)河南段到陕西段交通量超过 50000 pcu/日,其余路段交通量在 25000 pcu/日以下。与 2019 年相比,江苏段拥堵情况有所增长,江苏段增长最快,达 36%。平行的普通公路中,G310 安徽段交通量较大,超过 20000 pcu/日;G312 新疆段交通量最小,为 8000pcu/日左右。与 2019 年相比,安徽段和陕西段交通量有所增长,其余路段有所下降	连霍通道中的高速公路(G30)全线较为畅通,除河南段轻度拥堵外,其余各路段均为基本畅通或畅通。与 2019 年相比,江苏段拥堵情况有所减缓,其余路段拥挤度基本持平。平行的普通公路中,G310 河南段和安徽段轻度拥堵,其余路段基本畅通。与 2019 年相比,安徽段拥堵略有加剧,江苏段和陕西段有所缓解,其余路段拥挤度基本持平	3.76
	普通公路 86.94	豫陇新段处于良等水平,其余路段处于优等水平	累计阻断时间 3336.29d 累计阻断里程 1598.68km 阻断严重度 60267.22 km·d			0.60 基本畅通			3.50

附录B　6条主要通道运行状况评价结果汇总表

续上表

序号	通道名称	技术状况		阻断情况			拥挤情况			通道运行指数
		PQI	技术状况空间分布	阻断程度	阻断里程	阻断事件特征	拥挤度	交通量空间分布特征	拥挤空间分布特征	
6	沪蓉通道	高速公路 94.49	全路段均处于优等水平	累计阻断时间 4483.64d；累计阻断里程 18578.10km；阻断严重度 86727.61 km·d		沪蓉通道全年共上报阻断事件3461起。其中突发性阻断事件2132起，计划性阻断事件1329起。重庆境内阻断数量最多，四川境内阻断程度最高	0.66 基本畅通	沪蓉通道中的高速公路（G42）江苏段交通量超过10000pcu/日（超过10000pcu/日），交通量最小的为重庆段。与2019年相比，江苏段段略有增长，其余路段有所下降。平行的普通公路中，G312江苏段交通量最大，超过40000pcu/日；四川段交通量较小，不到10000pcu/日。与2019年相比，G318湖北段和四川段交通量有所增长，其余路段有所下降	沪蓉通道中的高速公路（G42）江苏段达到中度拥堵，安徽段到四川段基本畅通或畅通。与2019年相比，各路段拥堵情况基本持平。平行的普通公路中，G312上海段轻度拥堵，其余路段基本畅通，G312江苏段中度拥堵，G312上海段轻度拥堵，其余路段基本畅通。与2019年相比，上海段拥堵有所缓解，其余路段拥堵情况基本持平	3.47
		普通公路 90.93	除重庆段，全路段均处于优等水平	累计阻断时间 2467.17d；累计阻断里程 4364.66km；阻断严重度 135785.18 km·d			0.76 轻度拥挤			3.34

· 87 ·

附录C 全国公路网运行监测设施一览表

附表 C-1

2020 年高速公路网运行监测设施一览表（单位：套）

序号	省（区、市）	车辆检测器	交通量调查设备	单要素/多要素气象监测站	桥梁健康监测系统[1]	隧道健康监测系统	可变信息标志	无人机	应急通信车	移动巡查车	路段（互通）摄像机	服务区、收费广场摄像机	桥隧摄像机
1	北京	861	84	29	30	—	508	—	1	73	1959	1146	1496
2	天津	119	73	29	—	—	340	2	2	51	2814	311	97
3	河北	1106	163	319	46	29	2019	6	—	65	10624	2362	5108
4	山西	938	77	31	18	11	1043	38	88	38	1257	867	8514
5	内蒙古	201	22	42	1	3	491	29	—	—	535	851	259
6	辽宁	438	88	45	29	—	890	—	—	170	2069	786	1645
7	吉林	220	137	87	—	—	1331	—	—	41	1614	668	2189
8	黑龙江	187	54	3	—	—	562	—	—	—	2850	536	28
9	上海	1070	178	33	8	4	588	4	1	13	1252	409	741
10	江苏	13	109	302	12	3	1544	80	—	61	5868	4563	—
11	浙江	1209	143	176	—	—	1858	—	—	—	4745	2246	11279
12	安徽	564	134	1054	—	—	954	1	—	7	4249	831	1480

[1] 全国桥梁安全健康监测设施现状详见附录 D。

附录C 全国公路网运行监测设施一览表

续上表

序号	省（区，市）	车辆检测器	交通量调查设备	单要素/多要素气象监测站	桥梁健康监测系统	隧道健康监测系统	可变信息标志	无人机	应急通信车	移动巡查车	路段(互通)摄像机	服务区、收费广场摄像机	桥隧摄像机
13	福建	998	86	11	—	—	1714	7	—	301	3195	2397	12918
14	江西	387	35	62	2	—	871	12	—	0	5360	1618	3710
15	山东	204	190	88	15	1	981	19	—	149	7117	1660	786
16	河南	0	1186	0	5	—	1226	99	1	—	6445	3356	—
17	湖北	276	31	189	15	29	1569	98	1	228	2092	1631	7544
18	湖南	761	161	433	6	—	975	3	—	10	3834	800	3787
19	广东	401	88	107	201	4	1267	155	—	449	4207	2950	8005
20	广西	—	53	8	12	—	1174	145	10	—	1479	2105	4965
21	海南	55	36	19	—	—	135	1	1	1	427	10	22
22	重庆	479	92	101	5	—	1602	5	3	82	1805	1005	2932
23	四川	1299	81	257	9	—	3406	17	—	87	6845	5592	15918
24	贵州	1832	134	181	—	—	2584	45	1	720	3627	1719	14040
25	云南	547	90	118	86	145	907	8	3	2255	2957	1200	6029
26	西藏	—	9	—	—	—	—	—	—	—	—	—	—
27	陕西	446	104	46	—	—	961	—	—	—	74	1424	9769
28	甘肃	1119	79	56	4	10	1060	2	1	87	3109	525	4581
29	青海	139	31	107	1	—	369	1	2	54	678	300	1575
30	宁夏	80	55	29	3	—	248	3	1	—	498	224	282
31	新疆	485	189	67	1	—	595	1	—	—	714	593	220

附表 C-2
2020 年普通国省干线公路网运行监测设施一览表（单位：套）

序号	省(区,市)	车辆检测器	交通量调查设备	单要素/多要素气象监测站	桥梁健康监测系统	隧道健康监测系统	可变信息标志	无人机	应急通信车	移动巡查车	路段(互通)摄像机	服务区、收费广场摄像机	桥隧摄像机
1	北京	173	333	28	—	—	311	—	—	—	—	—	—
2	天津	—	214	1	—	—	10	—	—	—	43	69	94
3	河北	—	540	199	4	—	—	—	—	—	—	—	—
4	山西	—	123	—	3	27	53	15	—	43	307	51	329
5	内蒙古	90	104	4	5	4	33	2	—	420	29	128	91
6	辽宁	—	239	—	2	—	—	1	1	0	172	—	146
7	吉林	227	61	—	—	—	33	—	—	—	12	48	1
8	黑龙江	24	105	12	—	—	5	—	—	—	48	—	13
9	上海	181	117	—	3	2	12	—	—	—	300	—	—
10	江苏	766	644	23	76	—	134	29	1	120	2463	95	794
11	浙江	66	406	—	—	—	—	11	2	—	981	15	—
12	安徽	358	358	—	15	21	11	—	—	—	—	53	78
13	福建	—	234	—	—	—	136	3	2	—	1152	26	486
14	江西	—	667	—	12	—	142	32	—	177	1179	—	171
15	山东	—	213	—	6	—	20	—	—	103	500	—	—
16	河南	—	396	15	6	—	46	19	—	—	410	87	261

附录C 全国公路网运行监测设施一览表

续上表

序号	省(区,市)	车辆检测器	交通量调查设备	单要素/多要素气象监测站	桥梁健康监测系统	隧道健康监测系统	可变信息标志	无人机	应急通信车	移动巡查车	路段(互通)摄像机	服务区、收费广场摄像机	桥隧摄像机
17	湖北	—	540	—	5	—	55	11	0	202	4	29	72
18	湖南	145	92	5	0	—	33	0	0	16	650	—	28
19	广东	34	311	—	5	—	30	—	—	39	820	—	100
20	广西	—	228	—	1	—	48	50	2	—	116	1	4
21	海南	—	60	—	0	—	—	—	—	—	—	—	—
22	重庆	—	294	—	13	—	29	—	—	151	—	—	367
23	四川	—	253	—	28	4	117	31	3	77	740	0	330
24	贵州	18	156	56	3	—	30	33	31	48	81	9	15
25	云南	94	43	23	1	2	23	107	1	373	451	15	421
26	西藏	—	125	—	—	—	4	—	—	54	31	—	—
27	陕西	182	232	6	—	—	72	10	1	20	448	7	58
28	甘肃	236	108	56	4	23	0	3	0	65	52	—	102
29	青海	200	50	—	—	—	68	3	0	64	118	—	35
30	宁夏	—	154	—	—	—	—	—	—	—	—	—	—
31	新疆	86	276	10	—	—	514	4	—	30	19	99	110

附录D 全国桥梁安全健康监测设施现状

序号	省（区、市）	数量（个）	监测指标	运营状态	代表性工程
1	北京	30	温度、倾斜、位移、应变、振动、裂缝	全部良好	大关桥、八达岭大桥、水闸新桥、德胜口大桥
2	天津	—	—	—	—
3	河北	50	风速、应变、挠度、振动、动态称重	1座改造，3座不详	海儿洼大桥、官厅水库特大桥、子牙新河特大桥
4	山西	21	应变、挠度、温度、振动、动态称重、索力、桥塔偏位、风力	全部良好	忻州小沟桥、龙门黄河特大桥
5	内蒙古	6	应变、挠度、支座位移、裂缝、振动	良好	包头黄河大桥
6	辽宁	31	温湿度、应变、振动、挠度、索力、桥塔变形、风力、倾角、梁端位移、动态称重	1座良好，1座在建	辽河特大桥、中朝鸭绿江界河公路大桥
7	吉林	—	—	—	—
8	黑龙江	—	—	—	—
9	上海	11	温湿度、应变、振动、挠度、索力、桥塔变形、风力等	全部良好	长江大桥、闵浦大桥
10	江苏	88	温湿度、应变、振动、挠度、索力、桥塔变形、风力、倾角、梁端位移、动态称重	全部良好	润扬长江大桥、江阴长江大桥、苏通大桥、南京长江二桥、泰州大桥
11	浙江	—	—	—	—
12	安徽	15	温湿度、应变、振动、挠度、索力、桥塔变形、风力、倾角、梁端位移、动态称重	全部良好	铜陵长江大桥、芜湖长江大桥、安庆长江大桥、马鞍山大桥

附录D 全国桥梁安全健康监测设施现状

续上表

序号	省（区、市）	数量（个）	监测指标	运营状态	代表性工程
13	福建	—			
14	江西	14	索力、线形、应变、塔顶位移、伸缩装置	全部良好	三阴特大桥、鄱阳湖大桥、九江长江公路大桥
15	山东	21	温湿度、应变、振动、挠度、桥塔变形、风力、倾角	全部良好	滨州黄河公路大桥、东营黄河公路大桥、青岛海湾大桥、弥河大桥
16	河南	11	挠度、应变、振动	全部良好	刘江黄河大桥、桃花峪黄河大桥
17	湖北	20	温湿度、应变、振动、挠度、索力、桥塔变形、风力、倾角、梁端位移、动态称重	全部良好	军山大桥、阳逻长江大桥、二七长江大桥、鹦鹉洲长江大桥
18	湖南	6	温湿度、应变、振动、挠度、索力、桥塔变形、风力、倾角、梁端位移、动态称重	全部良好	矮寨大桥、洞庭湖大桥、茅草街大桥
19	广东	206	温湿度、应变、振动、挠度、索力、桥塔变形、风力、倾角、梁端位移、动态称重	全部良好	珠江黄埔大桥、虎门大桥、新光大桥、港珠澳大桥
20	广西	13	应变、索力、挠度、动态称重、温湿度	全部良好	大冲邕江特大桥、六景郁江特大桥、西江扶典口特大桥、红水河大桥、钦江特大桥
21	海南	—			
22	重庆	18	温湿度、应变、振动、挠度、索力、桥塔变形、风力、倾角、梁端位移、动态称重	全部良好	涪陵特大桥、石板坡长江大桥复线桥、大佛寺长江大桥、马桑溪长江大桥
23	四川	37	挠度、应变、动态称重	全部良好	泸州长江大桥、秦安长江大桥、州河特大桥、金金沙江特大桥、城门洞大桥
24	贵州	3	温湿度、应变、振动、挠度、索力、桥塔变形、风力	2座良好,3座不详	红枫湖大桥、坝陵河特大桥、石门坎特大桥

·93·

续上表

序号	省(区,市)	数量(个)	监测指标	运营状态	代表性工程
25	云南	87	梁端位移、伸缩装置及支座纵向位移、空间位、温度	全部良好	悉尼特大桥（原澜沧江特大桥）
26	西藏	—	—	—	—
27	陕西	—	—	—	—
28	甘肃	8	温湿度、应力、加速度、动态称重	全部良好	天水黄河大桥、东岗黄河大桥、白家沟大桥、卢家沟大桥、关头坝特大桥（双链式加劲钢桁架悬索桥）、堡子坪大桥、麻花沟桥
29	青海	1	温湿度、风力、应变	良好	海黄大桥
30	宁夏	3	挠度、应变、温度	全部良好	叶盛黄河公路大桥、吴忠黄河公路大桥
31	新疆	1	挠度、应变、温度、风力、桥塔变形、索力	良好	果子沟沟大桥

《中国公路网运行蓝皮书(2020)》

各省(区、市)主要编写人员

北京
傅志浩　刘学宇　冯宗敏　周文涵

天津
魏宏云　汪东升　李海斌　刘新杰　薛　文　孙海元　王宝林

河北
吕兰明　刘彦涛　张文斌　秦　娟　王杜娟　陈　光　张　龙

山西
高保全　姚　远　赵　京　刘　超　王瑜波

内蒙古
卢东升　邓　锐　袁　野　霍雨洲　杨海峰

辽宁
赵　乐　袁　跃　高　照　郑　婷　黄　星　王忠发

吉林
王希碧　张　寒　诸　明　杨运超　于　丹　张宏国　王海峰

黑龙江
于　文　赵昆鹏　马向东　李　军　杨立华　林　国　申佳峰
王海波　李中天

上海
吴　巍　陈　丛　李晓蓉　张志扬　王　枫

江苏
杨伟东　戈权民　王建刚　董　松　马　梅　马梦豪

浙江
卢瑛瑛　吕伟东　俞亮圆　范伟刚　王周凯　王哲磊　支冬美
安徽
徐　翔　王剑武　赵　航　王　波　严志欣　邓　萍　孙传明
耿　鹏
福建
姚凌云　邹　莹　谢敏丽　王　烨　刘晓露　陈　雄
江西
徐华兴　王　硕　邹　帅　唐嘉立　龚　正　蒋雪菲　裴麟成
杨　龙　林茂森　王遐莽
山东
崔允俊　纪新志　张　皎　王学凯　孙文婷　段昌风
河南
靳　明　刘怀相　宋元华　郭　晶　康艳利　李　磊　许春杨
湖北
孙　军　朱　磊　吕厚全　朱业贵　王远辉　田　辰　叶丽丽
湖南
王　嘉　李振华　肖和平　邵泽峰　吴　巍
广东
魏　然　陈　春　陈海华　唐　伟　张建栋
广西
覃木宝　韦鞸隆　梁　燕　冯　勇　龚　宇　谭湘叶　戴圣宇
刘斌杰
海南
叶　茗
重庆
黎　洪　吴　川　潘　峰　郭　聪　肖　伟　周　正　张晓丹
朱晋静

四川

费彧　张业红　刘青　李晓芬　童国强　巫均　周文
廖斌　周晟

贵州

丁志勇　周旺　罗飞　李廷祯　高林熹　熊玲　冷俊

云南

李昂　寇芳玲　吴幸妮　周鹏刚　董迅　宋倩君　阮鸿柱

陕西

马云祥　南争伟　马甲　向红　王磊

甘肃

罗中民　王光超　郭凯兵　沈菊梅　贾琳

青海

田明有　李思红　林波　蔡兆强　祝可文　张乃月　李彩虹

宁夏

倪静哲　姬海军　刘德伟　李艳　杨芙蓉　彭波　赵中飞

新疆

赵勇　吴君　张凯　穆塔巴尔·木合塔尔　贾言言
王越　李建军　卡米尔·吾甫尔　朱啸辰